Sébastien Charbonnier est enseignant-chercheur en philosophie de l'éducation à l'université de Lille (CIREL). Cet ouvrage sur le refus de parvenir fait suite à celui sur le refus de contredire, publié dans la même collection : *Aimer s'apprend aussi. Méditations spinoziennes* (Vrin, 2018). Il est apparu nécessaire de les écrire pour disposer d'un concept de *pouvoir* adéquat en vue d'analyser les rapports sociaux d'âge, dans un ouvrage à paraître : *La Fabrique de l'enfance. Anthropologie de la comédie adulte* (lundimatin, 2025).

Pouvoir et puissance

DANS LA MÊME COLLECTION

Sébastien CHARBONNIER, *Aimer s'apprend aussi. Méditations spinoziennes*, 2018.

François GALICHET, *Philosopher à tout âge*, 2019.

PHILOCITÉ, *Philosopher par le dialogue. Quatre méthodes*, 2020.

Maughn Rollins GREGORY et Megan Jane LAVERTY (éd.), *Ann M. Sharp. Aux sources de la philosophie pour enfants*, 2023.

Gareth B. MATTHEWS, *Philosophie de l'enfance*, 2024.

Sébastien CHARBONNIER

Pouvoir et puissance

Refuser de parvenir : une joie pure

Ouvrage publié avec le soutien de l'Université de Lille et de l'ULR 4354 (CIREL) Centre Interuniversitaire de Recherches en Éducation de Lille

VRIN
• *Pratiques Philosophiques*

Couverture : Matt Roussel, *Femme tigre*, 2023 (détail).
Site de l'artiste : www.artzmatt.com / Instagram : @artzmatt1

Directrice de collection : Gaëlle Jeanmart

Imprimé en France
ISSN 2677-7517
ISBN 978-2-7116-3233-6
www.vrin.fr

Malgré ses troubles et ses défauts, ses déceptions, ses souffrances, ses problèmes, ses évènements fâcheux et ses averses de grêle ponctuelles, ce monde reste néanmoins trop beau pour qu'on l'abandonne, même si l'on est malade, fatigué de la vie ou proche d'une fin sans espoir. Tenez bon. Poursuivez la lutte, ne laissez pas tomber.

B. Traven, dernier écrit
4 mars 1969
quelques jours avant sa mort

Il n'y a pas de puissances mauvaises, ce qui est mauvais, il faudrait dire, c'est le plus bas degré de la puissance. Et le plus bas degré de la puissance, c'est le pouvoir : c'est empêcher quelqu'un de faire ce qu'il peut. La méchanceté c'est empêcher quelqu'un d'effectuer sa puissance. Si bien qu'il n'y a pas de puissances mauvaises, il y a des pouvoirs méchants. Et peut-être que tout pouvoir est méchant par nature. Pas forcément, c'est peut-être trop facile de dire ça. [...] Je dirais, tout pouvoir est triste. Oui, même si ceux qui ont le pouvoir se réjouissent beaucoup de l'avoir, c'est une joie triste, hein, il y a des joies tristes. En revanche, la joie, c'est l'effectuation d'une puissance. Encore une fois, je ne connais pas de puissances qui soient méchantes.

Gilles Deleuze, *Abécédaire*, « Joie »

PRÉFACE

1. La pratique comme épreuve de vérité

Si tu aimes l'étranger,
Tu t'aimeras demain[1].

Comment « pratiquement » a-t-il pu devenir synonyme de « presque » dans la langue française ?

Constater que bien des personnes ne tirent *pratiquement* aucune conséquence des idées qu'elles rencontrent, c'est décrire un drame total : si aucune conséquence pratique ne s'ensuit, cela signifie qu'il n'y a *absolument* aucune conséquence. Rien.

« Pratiquement » devrait être l'adverbe ultime qui dit le réel dans son entièreté. Mais la posture scolastique et verbeuse semble avoir pris le pas dans nos existences : on s'informe, on croit avoir-pris-conscience-de-ce-qu'il-faut-faire, mais on demeure les mêmes. Les inerties pratiques ne sont en rien bousculées par nos logorrhées sachantes. Les vertiges du dévoilement et du sermon demeurent impuissants : on aura beau crier plus fort et user de tous les codes rhétoriques pour « parler au maximum de gens », rien n'y fait.

La pratique a pour elle la vérité : elle est l'épreuve de vérité. Les journalistes qui découvrent les *fake news* ou autre *deepfakes* semblent découvrir la lune : ce ne sont pourtant que les ultimes avatars de la pensée réduite à de l'énonciation théorique. Toute solution est *fake*, précisément parce qu'elle est une solution ! Le

1. J.-P. Siméon, *Le Livre des petits étonnements du sage Tao Li Fu*, Devesset, Cheyne, 2016.

solutionnisme technologique ne concerne pas que les robots et la science : il est d'abord une technique discursive, celle de la primauté des solutions (comme énoncés théoriques) sur les problèmes (comme exercices pratiques)[1].

La pratique est ailleurs : on a perdu ses exigences propres depuis longtemps, dès l'enfance sans doute. Les adultes parlent aux adultes, depuis des positions de pouvoirs acceptées, alors que ce sont elles qu'il faudrait pratiquement défaire pour qu'elles cessent de nous faire faire.

Comment, dès lors, renouer avec l'*expérience de la transformation* qu'est l'activité philosophique ? Poser le problème de la philosophie pratique, c'est poser le problème radical du sens de la philosophie, de sa place et de son utilité dans nos existences. À quoi bon philosopher si ce n'est pas pour sentir, croire et désirer autrement ? Pour agir autrement.

L'une des grandes joies de la philosophie, c'est de nous débarrasser des faux problèmes induits par les rapports de pouvoirs. Pratique on ne peut plus concrète, souligne Deleuze, car « il y a des individus dont toute l'existence sociale différenciée est liée aux faux problèmes dont ils vivent, et d'autres, dont l'existence sociale est tout entière maintenue dans ces faux problèmes dont ils souffrent, et dont ils remplissent les *positions* truquées »[2].

Les problèmes mal posés font des concepts mal construits qui font des existences tristes. Mais il ne saurait y avoir de division du travail sur ce point : la représentation ou la procuration n'existe pas *en pratique*. Vivre et problématiser nos formes de vie sont une seule et même joie.

1. Voir les belles analyses de Foucault sur les *Méditations métaphysiques* de Descartes, dans « Mon corps, ce papier, ce feu » ; repris dans *Histoire de la folie*, Paris, Gallimard, 1972, appendice II, p. 583-603.

2. G. Deleuze, *Différence et répétition*, Paris, Puf, 1968, p. 268.

2. Des mots, encore et encore ?

La philosophie est aussi nécessaire à la connaissance que la carte géographique au voyage : la grande erreur, je le répète, est de croire qu'on voyage en regardant une carte[1].

Mais alors, pourquoi écrire un livre de plus ? Ce n'est pas le moindre des paradoxes de la pratique que celui de sa diffusion, car rien n'y semble plus opposé que le texte, cette matière morte et figée des idées.

L'écriture fragmentaire a tout de même ceci pour elle d'orienter vers un divers : elle nécessite la *reprise*, au sens de Kierkegaard – non pas répétition du même, mais re-création, nouvel essor. Son seuil de variabilité et ses multiples interprétations forment sa générosité. Cela excuse en partie sa perdurance comme *écrit*.

Autre raison pratique de cette forme : les fragments s'inscrivent dans une tradition philosophique de l'*adresse* – à soi-même comme aux autres –, ils sont de la nourriture à mâcher, digérer lentement, des sortes d'itinéraires ou de cartes qui n'ont de sens que d'inviter au voyage. Car nul·le ne saurait se passer de faire les mouvements par soi-même !

Ainsi, je n'écris pas pour convaincre, mais pour (me) déloger : certaines propositions m'étonnent moi-même, elles brusquent et paraissent parfois bizarres. Pourtant, je sens leur utilité, leur valeur heuristique, l'intérêt de les mâchouiller. Bref, leur nécessité.

Cette nécessité est à mettre en lien avec le fait que les pratiques transformatrices fuient absolument les analyses moralistes et substantielles, volontiers enclines à verser dans l'injonction – « faites ceci » – et l'abstraction idéaliste – « la prise de conscience ».

Au contraire, toute analyse structurelle rigoureuse des rapports de pouvoirs induit corrélativement que seul un travail pratique sur nous-mêmes pourra changer cet état de fait du monde social. Parler

1. R. Daumal, *Les Limites du langage philosophique*, Paris, Éditions la Tempête, 2018.

d'un racisme structurel, par exemple, c'est aussitôt comprendre qu'il est inutile de sermonner les autres (l'injonction) ou de vouloir les éclairer (la prise de conscience) : deux postures scolastiques traduisant une mécompréhension de ce que signifie apprendre et se transformer.

Les rapports de pouvoirs nous traversent toutes et tous : ce sont *nos liens* qui dysfonctionnent, ce sont donc eux qu'il s'agit de reconstruire pour défaire le racisme. À quoi bon culpabiliser et désigner à la vindicte, ou bien faire une énième leçon pédante ?

La première lutte est à instituer contre nos imaginaires substantialistes. Nous arrivons difficilement à nous arracher de cette tendance à penser en termes de personnes. Dire les « dominant·es », n'est-ce pas se mettre aussitôt en tête qu'il s'agit de personnes constitutives d'un groupe de personnes ? Or, rien n'est plus trompeur.

Cette nature relationnelle est pourtant rarement affrontée comme telle, politiquement : l'enfer, ce serait quand même toujours un peu les autres, *d'abord*. Cette priorisation (consciente ou non) est une erreur tactique : elle empêche l'analyse rigoureuse des ennemi·es. Aussi bien en les voyant là où ils et elles ne sont pas réellement, qu'en se rendant aveugles à des ennemi·es bien plus proches qu'on ne le croit[1].

Par exemple, pourquoi les analyses intersectionnelles se sont-elles à ce point focalisées sur les effets d'émergence des conjonctions d'oppressions subies (femme-racisée, par exemple) ? Ce sont des problèmes cruciaux, et c'est une joie que les analyses se multiplient. Mais, par comparaison, bien plus rares sont les études sur l'ordinaire des intersectionnalités divergentes : quid des rapports de pouvoirs qui nous traversent, lorsque certains nous mettent du côté des maîtres ? *Qui* lutte, en nous, lorsqu'une part opprimée oublie activement ses voisines opprimantes ?

1. Pour rappel, dans une perspective relationnelle, il n'y a pas d'antériorité de l'ego : je suis à moi-même mon autrui le plus proche.

Refuser de parvenir permet justement d'affronter ce problème aussi bien éthique que politique : comment arrivons-nous à composer avec les recoupements conflictuels en chacun·e de nous ? Où sont nos amnésies (oubli d'avoir été un·e enfant dans la domination adulte) ? Où sont nos mauvaises fois (minorisation du validisme) ? Où sont nos revanches en lieu et place de la justice (ascension sociale par le diplôme au sein d'un jeu à somme nulle) ? Les exigences en termes de liberté, d'égalité, d'adelphité, de justice sociale s'effondrent parfois bien vite parce qu'*il y a du maître en nous*[1].

Or, personne ne perçoit aussi mal et ne pense aussi peu que les maîtres, pour qui tous les espaces sociaux, les normes et les lois sont dédiées à assurer leurs privilèges. On sous-estime largement les handicaps épistémiques qui sont les nôtres *en tant que maîtres*, nos aveuglements partiaux, nos surdités apprises : tout ce qui nous empêche d'atteindre une objectivité forte, de multiplier les positionnements, donc d'opérer un devenir-collectif[2].

Le refus de parvenir cherche à prendre ce problème à bras le corps, sans quoi nous demeurons réduit·es à *faire la police*, avec nous-mêmes et avec les autres, puisque les maîtres sont par définition les parts impuissantes à *agir politiquement*[3].

Et seule la *pratique* permet de s'extirper du confort du maître ! Il est si facile d'oublier qu'on est blanc·he dans une nation qui forgea sa richesse et son pouvoir dans le bruit et la fureur coloniales ; il n'est nul besoin d'agir pour se reposer sur l'héritage économique légué

1. Voir le texte corrosif et magnifique de Mark Fisher à propos de ce risque politique très réel : « Fuir le château des vampires » (2013), traduit dans *lundi matin* #406, 5 décembre 2023.

2. Voir les travaux des épistémologies du point de vue, ou du féminisme du positionnement – notamment Sandra Harding et les travaux francophones de María Puig de la Bellacasa.

3. Je lis une partie du travail de Rancière comme la traque des faux problèmes imposés par les rapports de pouvoirs, ces manières bienfaisantes et sourdes qui forment chaque fois une « police » du sensible – dont le but est d'imposer le consentement de chacun·e à la distribution des places et des fonctions ordonnées par les rapports de pouvoirs.

à la plus réduite échelle de solidarité qu'est le patrimoine familial; il n'y a qu'à attendre patiemment et sagement pour devenir cet·te adulte qu'on refuse de voir en nous pour l'instant; etc.

D'où ce travail sur soi – toujours déjà composé des autres intériorisé·es en soi – et avec les autres – comme autant de semblables – qu'est toute pratique philosophique. Le refus de parvenir met à nu ce que sont les rapports de pouvoirs, mais cette mise à nu n'a d'intérêt qu'à nous défamiliariser des habits du tyran, de tous les petits tyrans qui sont en nous.

Bien souvent, on imagine le ou la « dominant·e » comme une personne, jouissant d'une position enviable où tous les caprices seraient réalisables. Il faut cesser avec cet imaginaire anthropomorphique, comme on a cessé de croire que Dieu était un vieil homme blanc barbu colérique. Il n'y a pas *les tyrans* comme autant d'autres personnes, il y a de multiples tyrannies qui ont comme seule réalité les performances que nous actualisons dans chacune de nos interactions quotidiennes – avec les autres comme avec nous-mêmes – et que nous entretenons dans les institutions qui les cristallisent à plus large échelle.

Dans sa *Confessio philosophi*, Leibniz avait cette formule originale pour décrire la damnation : « le damné n'est pas éternellement damné, mais il est toujours damnable, et se damne à chaque instant »[1].

La pratique du refus de parvenir est un exercice répété pour échapper à ces instants. Dans tous les recoins : depuis les lieux institutionnels explicitement politiques aux interactions les plus ordinaires dont on sous-estime souvent la charge politique – pourtant inéluctable chez les animaux sociaux que nous sommes. De la soirée militante aux échanges sur l'oreiller, le refus de parvenir relève de la grande famille de l'autodéfense.

La positivité du refus doit être ainsi comprise : la désignation « refus » est utile à cause de l'omniprésence des rapports de pouvoirs, qui saturent nos formes de vie. Mais ce refus n'est pas

1. Leibniz, *Confessio philosophi*, Paris, Vrin, 1993, p. 83-85.

premier dans un ordre causal du type : « refus donc possibilité de la joie ». Non, il est synchrone avec la joie, dont il est un *effet essentiellement secondaire* : c'est pourquoi on ne peut vouloir-librement refuser. La chose est difficile à entendre pour les Occidental·es volontaristes que nous sommes. C'est un peu comme l'oubli actif, en tant que refus de l'héritage d'ordres étouffants. En effet, on ne saurait vouloir oublier : ça ne marche jamais ! C'est pour cette raison même que l'oubli est une pratique qui s'apprend, patiemment, *par la joie*, donc par la positivité d'une attention et d'un soin pour autre chose que ce qui finira par être oublié.

Refuser de parvenir est donc le corrélat de toute joie en tant qu'affect des idées vraies : on *sait* viscéralement que c'est meilleur pour soi et on *veut* continuer à rendre cela possible[1].

On n'est jamais plus libre de vivre et expérimenter la joie pure que lorsqu'on n'a plus de raison de craindre les tyrans. Qu'ils soient en face de nous, ou bien en nous, toujours quelque part, partiellement, surgissant à l'occasion d'un signe. Car la parvenue est protéiforme : elle s'impose à nous par un mot, un regard, un geste, une absence, une intrusion, un silence, etc. Avoir la puissance d'en refuser les règles implicites, donc le luxe de l'ignorer sans avoir peur des conséquences : tel est le sens du refus de parvenir, dont je soutiens qu'il est une condition nécessaire à toute aventure collective révolutionnaire.

Ne demandent de ployer le genou que celles et ceux déjà à genou, prenant leur position douloureuse pour une seconde nature – appelant cela « la nature humaine ». Refuser de parvenir, c'est ne plus entretenir cette fable, triste farce qui fait porter les coups physiques et les humiliations symboliques au son du refrain : « c'est pour leur bien ».

Or, quoi de plus pratique que l'exercice régulier de la position debout et de la marche allante ? Comment échappe-t-on à la condition des genoux-à-terre et des culs-assis ?

1. Spinoza, *Éthique*, II, 49.

3. Refuser de parvenir : quatre modalités de mise en œuvre

La preuve que nous ne serons plus fous sera que nous n'aurons plus de maîtres[1].

Un livre de philosophie, ça doit nous changer, puis nous maintenir : comme toute expérience réelle. Ce n'est pas du bavardage mondain qu'on approuve ou désapprouve. La philosophie ne saurait donc être un moyen d'*assurance*, cette connivence insupportable des sachant·es – malheureusement présente, aussi, dans les milieux dits progressistes ou révolutionnaires.

La pratique philosophique refuse ainsi de s'en laisser conter par la posture scolastique, l'érudition, le verbiage, bref tout ce qui, loin de nous rendre libres et joyeux, nous terrorise et nous attriste. La philosophie doit donc combattre sur deux plans : d'abord pour nous aider à mieux percevoir et agir sur la réalité, ensuite pour se démarquer de son double fantomatique avec lequel beaucoup la confondent. On se passerait bien du second plan, mais c'est notre fardeau : nous héritons d'institutions du savoir (École, Famille, Médias, Universités, etc.) qui nous accablent de leurs mots d'ordres en les faisant passer pour des « savoirs émancipateurs »...

Face à cela, le refus de parvenir est une pratique à spectre large : elle va du geste anarcho-syndicaliste – refus du carriérisme ou de l'entrisme – au geste tactique – refus de la stratégie de conquête du pouvoir – en passant par la geste taoïste radicale – refus de l'intention dans l'action.

Le refus de parvenir est la joie pure de vivre au milieu des relations, de puissance à puissance. *À fleur de matérialité* : là où se rencontrent la douceur, la fulgurance, la vulnérabilité, la force, la paresse, la surprise, la lenteur, etc.

1. W. Morris, « La société de l'avenir », *L'Age de l'ersatz*, Paris, L'Encyclopédie des nuisances, 1996, p. 81.

Mais avant de déployer le panel de ce que peut le refus de parvenir, cette préface voudrait affirmer quatre points cruciaux de toute pratique, pour mieux donner à voir ce que peut la pratique.

Je soutiens que toute pratique effective est nécessairement *simple, quotidienne, locale et radicale.* La simplicité du refus de parvenir provient de l'oubli actif du goût de l'effort – cette impuissance apprise par introjection ; sa quotidienneté nous assure que nous n'agirons qu'avec nos forces présentes – au lieu d'attendre religieusement des forces à venir, procrastinant nos luttes ; sa localité rappelle que nous n'avons de force que parce que nous sommes traversé·es par les forces d'un milieu écouté, observé, compris, maintenu, etc. – toute stratégie globale supposant, par contraste, un mépris du concret qui voue à la carence énergétique ; sa radicalité garantit notre face à face avec le réel, construit en deçà de toute distinction foireuse – les faux problèmes naissent des involutions dociles[1] –, fuyant les cela-va-de-soi imposés par des ordres.

En résumé, une pratique révolutionnaire n'est pas une activité demandant des efforts pour que, un jour peut-être, soit acquis un cadre global permettant de faire (faire) le bien[2].

Les aphorismes qui parsèment cet ouvrage sont ainsi autant d'espèces de phrases compagnes :

– radicales, parce qu'on n'a pas de temps à gâcher avec les fausses nuances : les aphorismes cherchent à nous plonger au cœur des distinctions conceptuelles qui valent transformations ;

– locales, parce que les enjeux y sont proches, saisissables et convocables dans l'ordinaire des situations d'ici et d'à côté, au creux des relations avec les personnes concrètes – soi, les ami·es, les voisin·es, les collectifs d'ici ; là où tous les enjeux politiques fondamentaux sont déjà présents, en deçà des grandes théorisations à spectre large ;

1. Sur ce concept peu coutumier, mais ici crucial, voir partie 9, p. 147.
2. On trouvera en postface un développement des quatre propriétés essentielles d'une pratique transformatrice.

– quotidiennes, parce qu'aucune transformation n'est une conversion ou une prise de conscience – imaginaire du grand évènement ponctuel –, qui sont autant d'illusions idéalistes et oublieuses de la matérialité de nos existences et de nos milieux – dont la lenteur métamorphique est le gage de l'effectivité ;

– simples, parce qu'aucune idée ne saurait rendre possible une transformation si elle est alambiquée – même si les problèmes exposés ne sont pas forcément aisés[1].

De fait, la surprise ou la familiarité dépendent de notre propre trajectoire, des rencontres passées, des idées croisées. Dès lors, certaines analyses peuvent être plutôt contre-intuitives, et se présenter d'emblée comme étranges ; d'autres, en revanches paraissent évidentes, s'y essayer relève pourtant de l'épreuve : la pratique exige la lenteur nécessaire pour affronter les difficultés qu'il y a à éprouver les idées vraies, même simples.

Quoi qu'il en soit, la pratique philosophique a cette vertu précieuse : elle offre une certaine rigueur logique dans les conséquences et les équivalences entre idées. C'est une forme de *subtilité* qui suit au plus près l'expérience même : un « extrémisme de l'argumentation » qui ne frémit pas « devant les conséquences de sa propre démonstration »[2]. L'utilité irremplaçable de l'analyse philosophique, c'est qu'on ne perdra jamais son temps si l'on s'essaie aux idées bien démontrées – même s'il s'agit, *in fine*, d'y renoncer. Il n'y a jamais de temps perdu dans les apprentissages dès lors que ceux-ci sont de véritables rencontres qui forment la sensibilité et la raison, au contraire des injonctions et des dressages assénés par les maîtres.

En pied de nez au cogito cartésien (« *je* pense »), William James proposait de dire « ça pense (*it thinks*), comme on dit il pleut (*it rains*) ». C'est ainsi que s'offrent les pensées ici tracées :

1. Sur la distinction entre simplicité et facilité, je développe dans la postface.

2. Sur l'importance de la *différence conceptuelle* et son lien avec la radicalité, voir le quatrième point de la postface. On y trouve citée, en entier, la belle formule de Norman Ajari à propos de la subtilité dans la pensée.

je ne cherche pas à convaincre les lecteurices. Tout juste espérè-je la naissance d'un désir de s'essayer à des idées, de les explorer – d'abord pour cesser d'être soi-même.

En réalité, que peut-on faire d'autre avec des mots ? A-t-on inventé les panneaux de direction pour que certain·es en fassent des discours ?

Ces fragments sont donc donnés à observer, comme on regarderait quelqu'un marcher. J'écris pour m'accompagner, et pour décrire les bifurcations d'un voyage. C'est une sorte de journal extime. Non pour que d'autres en reproduisent les gestes, mais y trouvent ressources pour leurs propres révolutions pratiques.

C'est aussi une forme de témoignage[1] depuis ma position sociale de multi-empotenté : il serait facile de ne pas agir, si je voulais abonder dans ces positions héritées – homme, blanc, diplômé, adulte, etc. Par contraste, c'est grâce à la puissance du désir que j'ai pu m'essayer à les refuser, *par expérience de leurs effets réels désastreux* – malgré leur enviabilité socialement construite. Et ceci n'est ni un geste altruiste ni une posture oblative : juste une idée adéquate.

Derechef, il s'agit moins de convaincre les autres (de devoir renoncer *a priori*[2]) que de porter une voix différente. Voix qui dit en substance : le pouvoir est un abus, ce n'est pas un « privilège » ; il n'est absolument pas désirable, mais se nourrit de pulsionnalité ; il est symétriquement toxique (personne n'en sort grandi·e), bien que l'exploitation rendue possible soit asymétrique (il y a des opprimé·es et des oppresseur·es).

1. Sur la fonction politique du témoin, voir C. Malabou, *Au voleur ! Anarchisme et philosophie*, Paris, Puf, 2022, p. 367-377.

2. Position de toute façon impossible, contrairement à ce que croit les donneurs de leçon qui aiment tant nous « prévenir ». Voir S. Charbonnier, « Errance », dans *Aimer s'apprend aussi. Méditations spinoziennes*, Paris, Vrin, 2019.

4. La pratique, ou la vie comme déséducation

Ce qui reste à détruire, il va falloir aller le chercher aussi dans nos gueules, puisque nos mots sont imprégnés de prothèses[1].

De toutes les oppressions, l'une d'elles m'interpelle de plus en plus : les rapports sociaux d'âge. Cet ouvrage est comme un détour que je sentais nécessaire en guise de préalable à un nouveau champ de recherche : a-t-on décrit adéquatement les rapports de pouvoirs tant qu'on s'imagine deux camps se faisant face ?

Ce qu'on apprend avec la domination par l'ancienneté, *spécifiquement*, c'est qu'elle doit sa solidité au fait qu'elle promet, structurellement, la cooptation : la part dominée deviendra grande, donc une part dominante. Nulle oppression ne saurait rendre plus sensible à la nature *rapportée*, et non substantielle, des pouvoirs ! L'incestueur, par exemple, est presque toujours un ancien enfant incesté.

C'est pourquoi le refus de parvenir s'inscrit dans la lignée philosophique des pratiques transformatrices conçues comme *désapprentissage* de tous les arbitraires trop tôt imposés dans nos vies, pendant l'éducation et la socialisation primaire – avant même que nous n'ayons les forces pour les questionner, et y échapper le cas échéant.

Une chose me frappe en lisant la littérature critique et révolutionnaire de notre temps : cette quasi-indifférence à la question éducative, point aveugle d'adultes qui parlent entre adultes – réalisant bien peu toute l'ampleur des concessions déjà faites.

Le refus de parvenir est un refus de transmettre et de se voir transmettre. En effet, la « transmission » est le paradigme du *pouvoir* éducatif : léguer des mots en dépit de l'expérience. Or,

1. L. Lafon, *Nous sommes les oiseaux de la tempête qui s'annonce*, Arles, Babel-Actes Sud, p. 295.

nous avons malheureusement fait de la transmission le pilier de l'éducation[1] : des vies vouées à maintenir les ordres de pouvoirs.

À ce titre, déceler l'abîme qui sépare les puissances de se lier d'avec les rapports de pouvoirs n'est pas faire une *leçon* de morale[2] aux rapporté·es – oppresseur·es comme opprimé·es –, ni élaborer un *programme* politique : deux manières qui relèvent précisément des rapports de pouvoirs.

Il ne s'agit pas de faire ici une nouvelle partition du bien et du mal, ce que pourrait laisser croire l'exercice de pousser jusqu'au bout le portrait de la nocivité des rapports de pouvoirs.

Ces derniers configurent des formes de vie peut-être difficilement évitables dans les sociétés humaines. Et si certaines personnes aiment jouir de ces rapports, je ne saurais – et ne pourrais – les en empêcher. Seul un pouvoir policier réussit à censurer des modes d'existence, et je n'ai ni le désir ni le temps d'exercer un tel pouvoir.

Mais la réciproque n'est pas vraie ! C'est pourquoi je pense utile de déployer les bonnes raisons de refuser de tels rapports – vis-à-vis des autres comme de soi-même.

Refuser de parvenir : pour armer joyeusement l'évènement.

Ces pages proposent donc un ensemble de modifications formant exercices : car celles et ceux qui s'y sont déjà essayé·es savent les déferlantes de haines que nous pouvons nous retrouver à affronter quand nous cessons d'être et de faire ce qu'on attend de nous.

1. Le regard de l'anthropologue ne s'y trompe pas : voir T. Ingold, *L'Anthropologie comme éducation*, PUR, 2018, chap. 1, p. 13-31.

2. C'est ce qui me gène avec l'expression « servitude volontaire », qui finit parfois en *injonctions* faites aux opprimé·es – rendu·es alors quasiment responsables de leur situation : « cessez d'être à genoux ». Or, les injonctions sont le degré zéro de la pédagogie.

1.
REFUSER DE PARVENIR

1. On pourrait ainsi exprimer le malheur d'une colère redirigée contre soi-même, plutôt que contre sa source politisée réelle : si tu n'as pas d'ennemi, tu deviens un ennemi pour toi-même.

On pourrait ainsi exprimer le refus de la tentation du contre-pouvoir, soit le refus d'exercer du pouvoir afin de combattre un pouvoir : prive ton ennemi d'ennemi, car il n'y a pas de malheur plus grand que d'être sans ennemi, il s'infligera alors à lui-même sa défaite[1].

Contrairement aux apparences, c'est rigoureusement deux fois la même idée, au destinataire prêt : briser les pouvoirs – en soi, en les autres.

2. « Refuser de parvenir, ce n'est ni refuser d'agir ni refuser de vivre : c'est refuser de vivre et d'agir pour soi aux fins de soi. »[2] Définition simple qui propose un outil affûté pour déconstruire les rapports de pouvoirs partout où ils se trouvent.

3. Qu'est-ce qu'un soi sans fins? Ce n'est plus un soi. Enfin débarrassé·e du dernier des maîtres : l'intérieur!

1. Lao Tseu, *Le Livre de l'immanence de la voie (Tao te king)*, § 69.

2. Créé par Albert Thierry, puis repris par Marcel Martinet, le « refus de parvenir » fait fortune dans le milieu pédagogique et syndical après la première Guerre Mondiale, face à l'avènement de la mobilité sociale : il prend son sens dans ce contexte institutionnel de l'emploi, par opposition à la promotion individuelle. J'en fais une lecture beaucoup plus large que ce contexte historique d'émergence.

4. « Si on ne songe qu'à l'adversaire, on l'imitera. »[1]

5. Le refus de parvenir est le concept générique des refus de tous les rapports de pouvoirs. Les verbes qui en sont les grands sous-genres seraient : contredire, identifier, sanctionner, attendre, prétendre, espérer, revendiquer, accéder, légitimer, fixer, reconnaître, etc.

6. L'échappée est toujours positive : il ne s'agit pas d'être *réactif contre* la « violence des dominant·es ». L'échappée est, d'abord et avant tout, un mouvement.

Amorcer un déplacement : les divergences ne peuvent pas être uniquement théoriques (simple flèche de boussole indiquant une direction possible), elles sont des pratiques concrètes de mobilité.

La grande échappée des rapports de pouvoirs est précisément le refus de parvenir. C'est pourquoi le refus n'est absolument pas négatif : il est une divergence (par rapport aux places assignées), une diversion (de l'attention fixée), un *disempowerment* (des héritages légués).

7. Le refus de parvenir a une histoire : de fait, la « relativité historique des cadres sociaux de l'ambition » a évolué dans un sens unilatéral, qui est celui d'une *valorisation* progressive de l'ascension sociale. Évolution idéologique des ordres de pouvoirs : de l'Ancien régime à aujourd'hui, on est passé « d'une injonction à l'immobilité à une injonction à la réussite »[2].

Dans ce glissement de valeur, *au sein de la logique des rapports de pouvoirs*, le concept de « refus de parvenir » surgit donc à un moment précis : quand devient flagrante la supercherie de vouloir nous rendre enviable de transiter *au sein* de cadres oppressifs, car « réussir » se mesure toujours à l'aune de critères hégémoniques.

1. A. Thierry, *Réflexions sur l'éducation*, Paris, Librairie du Travail, 1923, p. 53.

2. Voir J. Naude. « De la stigmatisation de l'ascension sociale à sa valorisation. Réflexions sur les cadres idéologiques de l'ambition et de la réussite », *Mil neuf cent. Revue d'histoire intellectuelle*, vol. 37, n° 1, 2019, p. 43-51.

8. Il est facile aujourd'hui, après plus d'un siècle de cette fable mystificatrice de la méritocratie, de voir l'inconséquence de cette manière de penser l'émancipation : croire qu'on se sortira d'un ordre de pouvoirs en compensant dans un autre ordre, pareillement inégalitaire – puisque les ordres ne peuvent formellement pas proposer autre chose que des hiérarchies.

9. Nul besoin de l'idée d'austérité, voire de sacrifice, qui fut jadis associée au refus de parvenir. Comme si parvenir était désirable : toujours cette fascination ordinaire pour le pouvoir ! Lorsque l'on fréquente les philosophes antiques, qui définissent l'exemplarité comme *pratique* du bonheur, on est saisi par le contraste avec la dimension doloriste qui se dégage des écrits anarcho-syndicalistes du début du XXᵉ siècle : donner l'exemple, ce serait comme *devoir faire* ce qu'on prêche, une sorte d'humiliation chrétienne, de sacerdoce.

Non, le refus de parvenir est une joie.

10. À propos de la féminisation de l'armée, Maria Mies s'exclame ainsi : « Quel type de libération permet aux femmes d'être aussi stupides que les hommes ? »[1]. Comprendre la logique d'accaparement des ordres de pouvoirs permet de ne pas s'illusionner : aucune variable sociologique ne suffit à rendre les ordres de pouvoirs autres qu'ils ne sont.

Féminiser un rapport de pouvoirs n'est pas un acte de résistance, c'est une massification de l'accès aux places parasitaires. C'est encore croire que les propriétés personnelles de l'agent de pouvoirs comptent. Non : sa couleur de peau, son sexe, son âge ne sont que des critères arbitraires – mais socialement normés – pour élire certain·es au détriment d'autres. Ainsi, la féminisation de la police, au cours des dernières décennies, n'a pas rendu moins brutale l'institution. La virilisation comme norme de mise en activité des agent·es de police s'accommode de n'importe lequel des deux sexes de l'état civil.

1. M. Mies, *The Village and the World*; cité par G. Pruvost, *Quotidien politique*, Paris, La Découverte, 2021, p. 349.

11. L'impersonnel « il faut », fondement des obéissances, veut dire : « il faut *parvenir* à *faire* ».

12. Parvenir : le mot vient du latin « *per-venio* », dont le préfixe est terminatif, signifiant l'achèvement de l'action. Dans la langue française, « parvenu » est synonyme de : « carriériste », « intrigant », « ambitieux », « arriviste ». Ce dernier terme montre bien l'importance de la *finalité* dans cette conception de l'existence : l'important est d'atteindre l'arrivée. D'où l'idée de « passer au-dessus », « aller directement au terme ». Parvenir, c'est viser la fin, vouloir être déjà arrivé·e : il y a un lien consubstantiel avec l'envie, par opposition au désir. L'expression « désir de parvenir » est impossible, il n'y a que de l'envie de parvenir.

13. Le principal moyen d'ascension sociale pour une femme, à une époque, fut le mariage[1]. Passer d'une institution à l'autre, en valorisant l'ascension sociale par l'école est-il beaucoup mieux ? Pourquoi celle-ci est aujourd'hui valorisée alors que celle-là ne l'est plus du tout ?

L'envie de parvenir est commune aux deux, véhiculant une certaine conception de l'organisation sociale : affirmer l'inégalité, se comparer, relationner sur le mode de la rivalité, etc.

14. Le refus de parvenir, dans son usage anarcho-syndicaliste, signifiait avant tout un positionnement professionnel : *le refus de faire carrière* et de souscrire à l'imaginaire bourgeois de la mobilité sociale, ce qui aurait signifié l'acceptation des structures telles qu'elles sont – donc la réduction de l'émancipation à une trajectoire individuelle et concurrentielle.

Nous pouvons étendre ce concept à un niveau métaphysique : refus d'une certaine figuration du réel, appuyée sur une ontologie substantialiste et un rapport théorique aux fins. L'ensemble produit une vie passive parce que *rapportée* : soit à des substances censées

1. S. Al-Matary. « "J'ai tous les courages sitôt qu'il ne s'agit plus de moi…". Dick May entre refus de parvenir et stratégies d'effacement », *Mil neuf cent. Revue d'histoire intellectuelle*, vol. 37, n° 1, 2019, p. 69-88.

pré-exister aux rapports (déjà-là-dessous, ou passées), soit à des fins en attente d'être atteintes (déjà-là-devant, ou futures). Les rapports de pouvoirs absentent le présent.

15. Pourquoi vouloir faire la révolution pour les autres? L'hubris contamine souvent les gens qui veulent le bien des autres : Lénine, par exemple, assume que les « révolutionnaires de profession » devront « cent fois plus s'occuper » des diverses tâches révolutionnaires[1]. En termes de puissance d'agir, il faut benoîtement prendre au sérieux cette figure de rhétorique d'emphase et demander : travailler des centaines d'heures par semaine est-il possible? Si non, s'étonne-t-on qu'une telle révolution « prise en charge » par une élite n'advienne jamais ?

16. Tout ce qu'il reste d'aveuglement et de violence symbolique dans les luttes dites « progressistes » est lié au mépris pour la question éducative. Faute de prendre au sérieux comment nous relationnons, comment nous pouvons nous apprendre des choses les unes les autres, comment écouter inconditionnellement, nous meurtrissons nos ami.es et allié·es en croyant les « aider ». C'est pourquoi il fallait d'abord expliquer le sens de la pratique du refus de contredire[2] – comme cas particulier du refus de parvenir.

17. Le pouvoir d'interdire est le pouvoir négatif : celui d'empêcher l'autre, depuis une altérité explicitement extérieure.

Interdire signifie : prédire que je vais te faire mal, en te cassant ou en te corrigeant. C'est la menace explicite des violences éducatives ordinaires, par exemple.

Le pouvoir de contredire est le pouvoir positif : celui d'influencer l'autre, depuis une altérité introjectée, donc confusément associée à nos propres envies – par habitude.

1. Lénine, *Que faire ?*, IV, 3, « L'organisation des ouvriers et l'organisation des révolutionnaires ».

2. C'est l'objet de mon précédent travail : S. Charbonnier, *Aimer s'apprend aussi. Méditations spinoziennes*, Paris, Vrin, 2019.

Contredire signifie : prédire que tu vas te faire du mal, en tombant ou en te trompant. C'est la promesse implicite des émancipations *imposées* – « c'est pour bon bien ».

18. On ne peut jamais retirer une autorité, en soi-même : on en relativise les effets en multipliant d'autres rencontres. Dit autrement, il n'y a que des luttes *pour* la puissance, car tout « contre » ramène à un geste de pouvoir – geste intrusif de l'imposition.

C'est pourquoi contredire est plus dangereux et manipulateur qu'interdire : l'inter-dire demeure inter-personnel donc facilement objectivable (société disciplinaire) ; le contre-dire vient infuser en nous pour nous faire dire autre chose, il vise ainsi l'intime et le privé (société de contrôle).

19. Le refus de parvenir est immédiatement symétrique, par contraste avec l'unilatéralité de la jouissance des privilèges : refuser de parvenir, c'est (a) refuser de suivre un ordre aussi bien que (b) refuser de donner un ordre.

a) En effet, l'éducation nous apprend ceci : en obéissant à un ordre, on parvient à telle conséquence attendue. Je fais ce que m'ordonne mon père pour ne pas me prendre de gifles. C'est cela le drame : penser d'après des fins. Parvenir concerne toujours le terme, l'arrivée, l'acquis, l'achevé, bref le fini. Produit (fini) ou compétence (acquise), le ou la parvenue se moque du processus, jugé comme un pis-aller malheureusement nécessaire, mais certainement pas désirable en soi. Dans la parvenue, seul le fait de *savoir* compte, et bien sûr de savoir faire : le régime pulsionnel des ordres de pouvoirs est un imaginaire qui fantasme de court-circuiter l'apprendre, et qui veut s'arracher aux rythmes lents du devenir.

b) Le refus de donner des ordres est premier dans l'ordre de la déséducation de soi, même s'il fut second dans la généalogie éducative – cette inversion est logique : on retire en premier ce qui fut mis en second. Donner des ordres, c'est ce qu'on en vient à faire quand on a obéi. Le double sens de l'*arkhé* (commencement et commandement) s'articule très clairement dans une philosophie empiriste : l'origine (commencement) est plus principielle que le principe (commandement). On croit en des ordres (des classements, des hiérarchies) parce qu'on a d'abord reçu des ordres (des voix entendues au début de nos vies) qu'on ne pouvait pas ne pas croire.

20. La symétrie du refus de parvenir peut être aperçue dans les deux exemples suivants.

Quand Paul Atréides retrouve les atomiques familiaux dans *Dune*, légués de père en fils, et qu'on croyait perdus, son maître d'armes s'extasie : « Ça, c'est le pouvoir ». Refuser un héritage, c'est refuser d'obéir à l'ordre tacite que contient le legs (« tu voueras ta vie à t'adapter à ces produits finis, pensés par d'autres ») ; c'est en même temps refuser le pouvoir de donner des ordres conféré par le legs (pouvoir d'achat de la valeur monétaire, pouvoir d'exclure de la propriété privée, pouvoir de tuer d'un arsenal, etc.).

Quand je pousse sur la pédale de l'accélérateur, j'emporte deux tonnes à des vitesses mortelles en quelques secondes. Refuser une « technique autoritaire », c'est refuser d'obéir à la contrainte objective des finalités et des modalités de fonctionnement d'une technique pensée pour asservir (les humains et la nature) ; c'est en même temps refuser la jouissance pulsionnelle rendue possible par la médiation de ladite technique. Ce n'est pas rien que des auteurs aussi différents que Marx, Mumford, Simondon ou Illich convergent dans leurs conclusions sur les effets destructeurs de la technique *en tant que rapport de pouvoirs*. La technique autoritaire a une propriété fondamentale : empêcher la puissance aussi bien du corps que de l'esprit[1]. Elle est une fin pensée par d'autres, obsédé·es par leurs propres fins qu'ils et elles ne peuvent accomplir : quiconque

1. Pour ne citer que le premier : « La machine, qui possède le pouvoir d'abréger le travail et de le rendre plus productif, suscite l'étiolement de la force de travail en même temps qu'elle la suce jusqu'à la moelle. [...] Il apparaît même que la lumière de la science ne puisse briller que sur l'arrière-fond de l'ignorance. Toutes nos inventions et tous nos progrès ne paraissent avoir d'autre résultat que d'abêtir l'homme en le ravalant au niveau d'un pur moyen. » (Karl Marx, « Discours prononcé lors de la commémoration de l'anniversaire de l'organe chartiste People's Paper », 19 avril 1856).

tombe sous le joug de leurs envies, en s'accaparant les machines ainsi conçues, ne peut qu'être que broyé.e par elles. La machine n'est alors rien d'autre qu'une médiation accentuant le rapport d'exploitation tout en l'invisibilisant.

21. Notre époque souffre principalement d'inconséquence, analyse Jacques Bouveresse dans sa lecture de Karl Kraus[1]. Or, la finesse de la puissance d'agir se remarque à son *souci de la conséquence*, ancré dans les relations chaque fois singulières qui tissent son déploiement : depuis quels moyens ? avec qui ? selon quelle sensibilité à ce qui vient ?

Ces questions sont insupportables aux parvenu·es, car elles révèleraient l'ampleur de la nocivité de leur forme de vie.

22. L'*injonction à la cohérence* est, comme toute injonction, une posture moralisatrice qui impuissante. Véritable leçon de morale, souvent donnée par des personnes ou des groupes qui se fantasment exemplaires : nouvelle instruction descendante sur le mode du « faites comme moi ».

La cohérence est l'architecture des rapports de pouvoirs : ce dont ils vivent en nous étouffant, au nom d'un bien supérieur – le « Progrès », par exemple. Croire en la cohérence comme en un idéal, c'est se condamner au destin de Sisyphe, tant il est vrai que la variété des rapports de pouvoirs produit des discordances quasiment insurmontables en nous.

L'aisance (sociologiquement objective) à atteindre une certaine cohérence est inégalement distribuée socialement : personne n'est plus cohérent que le « dominant intégral » qui n'a rien à faire pour que ses intérêts particuliers concordent harmonieusement et fassent *somme*.

C'est la raison pour laquelle il est si facile, pour la bourgeoisie internationale, d'être une classe pour soi, malgré son intensité débile et sa vitalité malingre.

1. J. Bouveresse, *Bourdieu, savant et politique*, Marseille, Agone, 2003, p. 34.

23. Le vrai problème est celui de construire notre ligne nécessaire de pensées agissantes – ou d'actions réfléchies, c'est la même chose – en déployant notre puissance d'agir. Dans la joie donc. J'appelle cela la conséquence.

« Si l'on est informé a minima de la direction générale des flux hors de nous, il devient malaisé d'agir inconséquemment, et nocif d'imaginer aller en sens contraire.[1] »

24. L'inconséquence peut être :

1) *sérielle* : vouloir sa place au plus haut d'un ordre de pouvoirs en modifiant les places au sein d'un ordre – imaginaire de la redistribution ou du développement.

Exemple : politique redistributive par l'état capitaliste soi-disant « social ».

2) *circonstancielle* : pallier une place de subalterne au sein d'un ordre en compensant dans un autre ordre – imaginaire de la compensation ou du détournement.

Exemple : ascension sociale par égalité des chances à l'école, c'est-à-dire devenir épistémocrate faute d'être né·e ploutocrate.

3) *velléitaire* : crier sur le pouvoir ou le revendiquer : bref, croire dans les effets performatifs du pouvoir alors qu'on ne dispose précisément pas de l'autorité qui y donne accès – imaginaire de la manifestation[2].

Exemple : théoriser la décroissance en employant les outils du maître – ici : le Capital ; c'est-à-dire porter « le projet insensé de n'avoir pas à renverser le capitalisme tout en espérant le convaincre de contredire son essence – qui est de croître, et indéfiniment »[3].

1. N. Martin, *À l'est des rêves. Réponses Even aux crises systémiques*, Paris, Les Empêcheurs de penser en rond, 2022, p. 164.

2. La « manifestation » vient de l'idée religieuse d'une *apparition* dans le monde sensible produisant des effets par le simple fait d'incarner une autorité suprême – puisqu'il s'agit de Dieu en personne.

3. Voir F. Lordon, *Figures du communisme*, Paris, La Fabrique, 2021, p. 103-107.

Chaque fois, l'inconséquence renforce les logiques des rapports de pouvoirs, quelles que soient les directions prises ou les priorités envisagées.

25. Indice sensible (et fiable) de la parvenue : l'impatience. Si j'ai envie que « ça soit terminé », je peux me questionner : *pourquoi n'ai-je pas le désir de refuser ?*

Comment puis-je en finir avec cette fin que je me contrains à poursuivre malgré mon absence de désir ?

26. Les rapports de pouvoirs produisent l'inconséquence entre les moyens et les fins.

La domination adulte, par exemple, dit : « quand tu seras grand·e, tu seras indépendant·e, volontaire, libre, mais pour cela tu dépendras de moi et tu devras m'obéir ».

27. Grande leçon des philosophes du problème : *partir des moyens*, c'est la garantie de poser une problématisation située et réelle, car la question sera spécifique et concrète. Douter pour de vrai, c'est douter de peu, mais vraiment.

Pareillement, lutter pour de vrai, c'est forcément s'éloigner d'autres luttes : la condition de possibilité de toute lutte est de faire le deuil d'autres luttes. Il faut en finir avec l'angoisse et la frustration qui, à vouloir nous imposer un niveau de généralité abstraite du « bien » auquel parvenir, nous prive concrètement de la force pratique d'amorcer une lutte précise et de nous élancer dans notre premier geste.

Faire confiance aux autres, c'est accepter de lutter *depuis son propre point de contact*[1] – modestement et localement – en sachant que d'autres luttent autrement : sans prétendre les diriger et sans attendre quelque forme « exemplaire ».

1. Je préfère le concept de *point de contact* à celui de point de vue, plus juste épistémologiquement dans son ancrage perceptif – évitant également le validisme visiocentré. Voir A. Choulet, « Remédier au paradoxe de l'expérience corporelle au moyen d'une épistémologie du point de contact », *Nouvelles questions féministes*, vol. 39, n° 1, 2020.

28. La logique modale nous permet de comprendre le *modal washing* des rapports de pouvoirs : faire croire qu'il y a de la mobilité possible malgré l'ordre.

On peut ainsi adapter le carré de la logique modale pour donner à voir les *manières de rapporter* qui structurent les ordres :

CARRÉ DE LA LOGIQUE MODALE DES ORDRES DE POUVOIRS

modalités dites rigides, ou fermées : l'injonction à « devoir être »

mobilité nécessaire	← contraires →	**mobilité impossible**
ex : gérontocratie (développement)		*ex : patriarcat (essentialisation)*
↑ subalternes ↓		↑ subalternes ↓
mobilité possible	← subcontraires →	**mobilité contingente**
ex : méritocratie (réussite)		*ex : hétéronormativité (conformité)*

modalités dites souples, ou ouvertes : l'invitation à « faire comme »

L'ordre de la nécessité impose un pouvoir de transmutation : dans l'ordre gérontocratique, chacun·e est voué·e à « progresser ». Cette modalité rigide des rapports positifs de pouvoirs est l'une des plus consensuellement acceptées.

[Idéologie du Développement / *négatif : le retard*]

L'ordre de l'impossibilité est le plus identitaire : il fixe les rapports de pouvoirs grâce à des assignations dont il prétend qu'elles sont de nature, donc impossibles à transgresser.

[Idéologie de l'Essence / *négatif : la monstruosité*]

L'ordre du contingent est le plus prescriptif : parce que les comportements humains ne sont pas aussi inéluctables que les trajectoires des planètes, il faut bien reconnaître leur contingence, *déplorable* du point de vue des ordres de pouvoirs. Les « déviant·es sexuel.les » (hétéronormativité), les « gros·ses » (normes esthétiques), les « fainéant·es » (morale du travail), etc. sont autant de groupes sociaux que les ordres de pouvoirs stigmatisent pour ânonner le « bon sens » qui voudrait qu'on soit conforme à ce qui est « attendu ».

[Idéologie de la Conformité / *négatif : la déviance*]

L'ordre du possible[1] est le plus incitatif : c'est le narratif individualiste hégémonique. « Sortez du rang, devenez meilleur·es que les autres, gagnez cette compétition généralisée qu'est une vie sociale organisée par les ordres de pouvoirs ! » Toute la rhétorique méritocratique en assure les rouages : savoir *plus*, être *plus* riche, résider aux *bons* endroits, voyager *loin*, etc. L'esprit quantitativiste et accumulateur de l'ordre capitaliste s'y exprime en pleine décomplexion : réduire les existences à du commensurable – des nombres – permet de hiérarchiser plus finement. (Effet obsédant garanti pour qui s'y laisserait prendre : on n'en a jamais fini de se comparer.)

[Idéologie de la Réussite / *négatif : l'échec*]

29. Le refus de parvenir signifie simplement le fait de ne pas croire qu'un contre-pouvoir – qui n'est jamais que l'activation d'un rapport de pouvoirs d'*un autre ordre* ou bien le changement de place au sein d'un ordre – n'aide en quoi que ce soit dans une perspective d'émancipation et de lutte.

30. Le *passing*, pris au premier degré comme une trajectoire d'émancipation, ne peut pas être une performance politique subversive s'il est conçu comme une « trajectoire de *réussite* » : il traduit alors l'introjection des valeurs de l'oppression.

1. La nuance entre possible et contingent est la suivante : contradictoire avec l'impossible, le possible souligne qu'une chose peut advenir, c'est donc une distinction *depuis* la probabilité nulle de l'impossibilité ; par contraste, le contingent contredit la nécessité, c'est donc une distinction *depuis* la probabilité certaine de la nécessité. Par exemple, on ne dira pas qu'il est contingent de gagner au loto, mais plutôt que c'est possible, si l'on veut nuancer l'idée que la chose semble impossible.

Ainsi, même dans l'ordre essentialiste du « devoir être » par l'assignation identitaire, les modalités souples ne cesseront d'inviter à sortir de sa « condition » en suivant d'autant plus les règles des autres ordres de pouvoir : bien travailler à l'école, fonder une famille nucléaire hétéronormée, réussir professionnellement, développer sa sexualité pour savoir faire jouir, etc. Or, « *faire comme* » les blanc·hes quand on est racisé·e, ou comme les hommes quand on est une femme, c'est vouloir *accéder aux mêmes privilèges que nos oppresseur·es*. Tant qu'on reste prisonnier d'un modèle à imiter, on n'a pas d'autre perspective que cette *identification* – qui nous condamne à perdre, puisque nous jouons avec des règles faites pour notre perte.

31. Le concept de refus de parvenir est particulièrement crucial dans une société au sein de laquelle l'hégémonie culturelle de la méritocratie a fini d'étendre l'impératif de mobilité à toutes les sphères de *l'identification*. La formule : « faites l'effort d'être *mieux* que ce que vous êtes » pourrait résumer la mécanique des rapports de pouvoir qui ne cessent de nous harceler pour que nous confirmions, par nos faits et gestes, la légitimité des ordres – dès lors qu'on accepte l'implicite de ce « mieux ».

La plus emblématique de toutes, dans l'ordre de la pensée révolutionnaire, est la propagation de l'ordre épistémocratique par les « intellectuel·es », sur fond d'un imaginaire méritocratique très scolaire – *progrès* des luttes, *faute* tactique, *correction* des inégalités, etc.

D'où la propension à donner des leçons chez les théoricien·nes applicationnistes. Typiquement, la priorisation d'une lutte relève de la croyance scolastique dans la « condition suffisante », qui n'est rien d'autre que la théorie du ruissellement dans l'ordre épistémocratique : « soumettez-vous à notre analyse qui démontre que notre lutte est plus importante que la vôtre, puisque la vôtre en bénéficiera indirectement – toujours d'après nos prévisions théoriques ». Une certaine conception masculiniste de la lutte des classes a ainsi fait taire les femmes en Europe, une certaine conception du suprémacisme blanc par la classe moyenne noire américaine a ainsi fait taire les classes populaires aux États-Unis[1].

32. La tentation de hiérarchiser les dominations, ou d'attribuer une quelconque priorité dans la lutte, est un piège absolu, puisque cela consiste à importer les réflexes du maître – classer, hiérarchiser – au sein des outils de la lutte.

Rien de plus insupportable que les sommations à choisir un camp[2].

33. Imiter un maître sans occuper la même place légitimatrice, c'est croire dans la pensée magique : « le performatif, lorsqu'il n'est pas précisément dans les conditions propices [celles décidées par les ordres de pouvoirs], ne peut équivaloir à une action. C'est précisément ce qui distingue le performatif du magique : alors que la parole performative équivaut à une action quand elle est prononcée dans les conditions historiques qui font d'elle une parole in situ, la parole magique quant à elle n'est qu'un pouvoir d'invocation qui n'a les caractéristiques qu'apparentes d'un pouvoir de transformation »[3].

1. Voir A. Haider, *Le Malentendu. Race, classe et identité*, Paris, Amsterdam, 2022.

2. Rachel M. Poirier, « Violences intracommunautaires », dans E. Dorlin (coord.), *Feu !*, Montreuil, Libertalia, 2021, p. 663-676.

3. H. Bentouhami-Molino, « Le cas de Little Rock. Hannah Arendt et Ralph Ellison sur la question noire », *Tumultes*, n° 30, 2008, p. 161-194.

2.
HYPOTHÈSE : CESSER DE SE *RAPPORTER* À DES ORDRES

34. « Agis sans faire ; travaille sans effort »[1].

Lao Tseu a condensé, dans cette devise diamantine, la perspective de puissance. Cet ouvrage peut être vu comme une tentative de déployer les conséquences pratiques qui y sont impliquées.

35. Même s'il n'y a de puissance d'agir que se déployant dans l'apprendre, à l'épreuve des problèmes, je concède l'énoncé d'une solution pratique : *refuser les pouvoirs* – parce qu'ils *rapportent*.

L'objection suivante viendra probablement : « refuser les pouvoirs, c'est se condamner à l'impuissance ! » Ce serait se méprendre terriblement, car le refus des pouvoirs est une condition de l'exercice de la puissance, et, réciproquement, l'exercice de la puissance est une condition du refus des pouvoirs.

Ces deux propositions s'infèrent donc l'une l'autre : elles sont équivalentes.

36. Refuser de parvenir aux pouvoirs : refuser de les exercer, refuser de les subir. Selon les situations l'un des refus conditionne l'autre, pas toujours dans le sens que l'on croit.

37. La puissance est le fondement objectif, *parce que relationnel*, du mieux ; les rapports de pouvoirs ne peuvent produire que du pire, parce qu'ils amoindrissent en empêchant les relations.

1. Lao Tseu, *Le Livre de l'immanence de la voie (Tao te king)*, § 63.

38. Sartre décrit ainsi son oncle : « toutes les maximes de droite qu'un vieil homme de gauche m'enseignait par ses conduites »[1]. Comprendre ce qu'est la puissance a ceci de vertueux que cela rend impossible de croire dans ce qualificatif « de gauche » concernant des existences, des décisions, des gestes *évidemment de droite.*

39. Oublions un peu les « mentalités » : il ne s'agit plus de changer les joueurs, ou les joueuses, mais de changer les règles du jeu.

40. « La tradition révolutionnaire est frappée de volontarisme comme d'une tare congénitale. [...] Une force révolutionnaire de ce temps veillera plutôt à l'accroissement patient de sa puissance. Cette question ayant été longtemps refoulée derrière le thème désuet de la prise du pouvoir, nous nous trouvons relativement dépourvus dès qu'il s'agit de l'aborder. Il ne manque jamais de bureaucrates pour savoir exactement ce qu'ils comptent bien faire de la puissance de nos mouvements, c'est-à-dire comment ils comptent en faire un *moyen*, un moyen *de leur fin*. Mais de la puissance en tant que telle, nous n'avons pas coutume de nous soucier. »[2].

41. On pourrait écrire « empouvoirement » pour désigner ce que font les rapports de pouvoirs qui produisent symétriquement des empotenté·es et des empotentant·es. Mais c'est aller un peu rudement avec le concept anglophone d'*empowerment*, dont les usages peuvent être proches de la perspective de puissance – mais pas toujours. D'où ce néologisme : *empotentement* – en rappel du latin *potestas*.

42. Le concept d'*empowerment* risque de produire des subjectivités-modèles édifiantes, formes facilement assimilables par le discours de l'autonomie virile, individualiste et libérale : devenir une entreprise de soi-même, se développer personnellement, etc. On peut penser aussi à l'imaginaire capitaliste et ethnocentriste

1. J.-P. Sartre, *Les Mots*, Paris, Gallimard, 1964.
2. Comité invisible, *À nos amis*, Paris, La Fabrique, 2014, p. 236-237.

du « micro-crédit », vanté par les ONG occidentales comme une possibilité d'*empowerment* pour les femmes des pays du Sud[1].

De fait, le préfixe internalisant « *em-* », dans le concept d'*empowerment*, risque fort de reconduire l'imaginaire substantialiste d'une *possession* de puissance. Or, cela n'a aucun sens : la puissance ne pas peut être un attribut de la personne – ou d'un groupe.

Toute idée de développement reconduit la perspective capitaliste de l'accumulation. Ainsi, l'*improvement* du *self* vante l'idée d'une ressource comme attribut du soi, une sorte de capital humain qu'il faudrait chercher à augmenter – par acquisition de compétences.

43. Le concept de *disempowerment*, tel qu'il est utilisé dans les analyses proféministes de Francis Dupuis-Déri[2], est sans doute plus juste pour désigner l'échappée joyeuse que constitue le refus de parvenir comme construction des relations de puissance : percevoir et laisser tomber ce qui, en soi, est constitué par les rapports de pouvoirs qui nous empotentent – donc nous affaiblissent.

44. Le concept de *disempowerment* dit ceci : les rapports de pouvoirs sont *encombrants*. Comment s'en débarrasser en laissant tomber les héritages ? Tel est le véritable enjeu du refus de parvenir, pour les empotenté·es que nous sommes.

45. Clarifier le vocabulaire. Les parts d'empotenté·es (en chacun·e) occupent les places de pouvoirs et jouissent de l'asservissement des autres et de leur exploitation ; les parts d'empotentant·es (en chacun·e) fournissent le travail cognitif, affectif, physique pour faire jouir les empotenté·es.

Par contraste, je trouve malheureux que le couple dominant·e/dominé·e laisse croire que l'action présente est du côté des oppresseur·es et la passivité du côté des travailleurs et des travailleuses. Or c'est l'inverse.

1. Voir M. Mies et V. Bennholdt-Thomsen, *La Subsistance*, Paris, La Lenteur, 2022.

2. F. Dupuis-Déri, *Les Hommes et le féminisme*, Paris, Textuel, 2023.

Une syntaxe politisée placerait le participe passé *du côté nuisible* d'un rapport de pouvoirs : cet *emplacement* qui permet de capitaliser sur une rente de situation passée, maintenue par les ordres de pouvoirs.

46. J'appelle *ordres* les structures imaginaires qui organisent les rapports (sociaux) de pouvoirs en vue de leur conservation. Exemples : le capital, le patriarcat, la gérontocratie, la suprématie blanche, le validisme, l'hétéronormativité, etc.

47. Les « dominé·es » le sont symboliquement, mais il y a aussi toute la *mise en activité* affective et énergétique de leur esprit et de leur corps : voilà ce que visent les rapports de pouvoirs – moins soucieux des effets symboliques des ordres que des effets pratiques qu'ils induisent. L'activité est donc du côté des empotentant·es qui fournissent l'*énergie pour faire jouir.*

Les rapports de pouvoirs servent des *fins d'exploitation* : s'il fallait en passer par des moyens moins symboliques, plus explicitement coercitifs, ce ne serait pas un problème. (Voir la question des châtiments corporels dans l'éducation, des violences conjugales, etc. : tous ces moments infrapolitiques de rappel à l'ordre.)

48. « En tant qu'homme » est un rapport de pouvoirs. Y croire peut tuer, blesser, humilier, violer, puisque, dès lors, des animaux humains commencent à *se dire* « hommes », à *y* prétendre – ce « y » contient tous les abus de pouvoir. Bref, il est terrible que des humains croient qu'ils *sont* des hommes – à cause des autorisations autoritaires qui découlent d'une telle croyance en leur substance prédiquée « masculine ».

49. L'actualisation d'un rapport de pouvoirs peut prendre des formes empiriques *anormales* – au sens statistique. Le concept de « mère patriarcale », chez bell hooks, permet ainsi de décrire des situations où une femme convoque un rapport de pouvoirs patriarcal[1]. Il ne s'agit certainement pas de symétriser homme et

1. bell hooks, *La Volonté de changer. Les hommes, la masculinité et l'amour*, Quimperlé, Éditions Divergences, 2021.

femme, mais de ne pas perdre de vue que les rapports de pouvoirs occupent imaginairement au-delà de leurs seul.es « bénéficiaires ».

C'est d'ailleurs l'un des intérêts des analyses intersectionnelles : montrer que les dominations ne se cumulent pas *arithmétiquement* au sein d'un individu. C'est beaucoup plus compliqué – sauf, derechef, lorsque les dominations font « somme »[1].

50. La puissance n'est pas un « attribut de la personne » : dire cela, ce serait penser de manière *émanatiste*, c'est-à-dire partant d'un Moi central, hiérarchique et possédant des propriétés – entendons les métaphores économiques d'une telle métaphysique de la transcendance. C'est pourquoi il n'y a pas vraiment de sens à *se dire* « puissant·e ». C'est l'un des usages du concept d'*empowerment*, le plus malheureux : « acquérir la puissance », comme si celle-ci était une propriété mesurable – plus et moins – du moi. Ce contentement de soi par une terminologie positive est plutôt un stigmate du désir mimétique des empotenté·es.

51. Expliciter le vocabulaire. Si des classes dominent, c'est parce qu'elles commandent. Il y a des *classes commandantes*, constituées d'empotenté·es qui jouissent d'une rente (sociale) de situation (hiérarchique)[2].

52. Benjamin Constant oppose, d'un côté, la liberté des Antiques, désignée comme un « exercice » pratique – renvoyant à l'idée de matérialité astreignante –, et de l'autre, la liberté des Modernes, définie comme « jouissance » donnant accès à un plaisir immédiat[3].

1. Sur la figure de l'« Homme » intersectionnel, je renvoie à un travail archéologique plus théorique : Sébastien Charbonnier, « En finir avec l'Homme, recréer autrui », *lundi matin* #437, 16 juillet 2024.

2. En économie, ce qui explique le surprofit d'une rente de situation est notamment la position de monopole et les barrières artificielles imposées aux autres. Les ordres imaginaires ont un rôle analogue d'un point de vue social.

3. Voir la lecture magistrale de ce basculement de paradigme dans A. Berlan, *Terre et liberté*, Paris, La Lenteur, 2021, chap. 1.

53. « Empotentant·es » désigne les personnes *en tant qu'*elles soutiennent matériellement l'existence des rapports de pouvoirs : elles exécutent des ordres qui rendent réelle la jouissance des empotenté·es. Dire cela, c'est décrire les conditions matérielles du pouvoir, mais aucunement rendre responsables ou bien vouloir faire culpabiliser les empotentant·es. Il serait odieux de considérer que la fille qui se tait, pour faire jouir son père du silence qu'il demande (« tu n'as pas d'humour, on ne peut plus rien dire »[1]), est coupable de la jouissance de ce dernier – même si elle la rend possible en se taisant.

54. La logique des rapports de pouvoirs est simple : elle consiste à nous priver de la nécessité, c'est-à-dire à nous déconnecter de l'expérience – et de l'attention à ses effets. Empotenter, c'est (s')empêcher de relationner nécessairement – même avec soi.

55. La distinction entre puissance (*potentia*) et pouvoir (*potestas*) permet l'expression de cette hypothèse cruciale de Spinoza : nous n'avons pas besoin de la médiation de rapports de pouvoirs pour composer nos puissances. La puissance de la multitude n'est qu'un niveau d'individuation différent de la puissance individuelle, mais c'est chaque fois *dans l'immanence* qu'agissent les compositions. Dit autrement, nous n'avons pas besoin d'un maître qui vient nous expliquer comment faire.

Par contraste, l'anthropologie philosophique majoritaire (Hobbes, Rousseau, Hegel) conçoit les êtres humains comme incapables de composer leurs forces (*potentia*) sans une *médiation* : celle du pouvoir (*potestas*) précisément. Cette conception empotentée du monde voudrait faire croire : « 1) que les forces ont une origine individuelle ou privée ; 2) qu'elles doivent être socialisées pour engendrer les rapports adéquats qui leur correspondent ; 3) qu'il y a donc médiation d'un Pouvoir ("*Potestas*") ; 4) que l'horizon est inséparable d'une crise, d'une guerre ou d'un antagonisme,

1. Sur ces scènes de censure familiale, voir l'article de Sara Ahmed : « Les rabat-joie féministes », *Cahiers du genre*, n° 53, 2012.

dont le Pouvoir se présente comme la solution, mais la “solution antagoniste” »[1].

56. Se faire passer pour « indispensable » est typique des empotenté·es : « sans moi vous êtes foutu·es ». D'où cette *intrusion* permanente, insupportable, des ordres de pouvoirs dans nos vies : les rapports de pouvoirs sont des pénétrations abusives. Ils *sectionnent* notre relation au monde, nous privant ainsi des signes objectifs, fiables, nécessaires pour nous orienter dans l'existence. Pensons à tous les abus éducatifs.

57. Il n'y a pas d'ordres de pouvoirs sans une croyance collective en une présence substantielle, qui serait « tout bonnement là » et aurait telles propriétés – sans que nous sachions d'où et comment elles lui viennent. A déjà été décrété « pour nous » ce qui était Objet et Sujet, nous privant ainsi de construire, par nous-mêmes, les objets et les sujets du monde. Les rapports de pouvoirs font ainsi le vide autour de nous (les Objets-à-connaître-ici m'interdisent d'explorer ailleurs) et préparent la docilité (le Sujet-que-paraît-il-je-suis-maintenant m'interdit d'essayer autre chose) : il n'y a plus que des commandements qui délégitiment *a priori* mon expérience. La puissance n'est alors plus opposable aux mots (d'ordres).

58. Les ordres de pouvoirs convoquent la morale : injonction d'un <u>contenu</u> (ce *que* « il faut **faire** ») comme *fin* à atteindre[2]. L'organisation des rapports de pouvoirs est la création permanente de la fable des « sujets », des « moi », en même temps que la gestion de leur isolement.

La puissance d'agir se déploie par l'éthique : conjonctions possibles par les *moyens* d'une <u>forme</u> (*comment* allons-nous **agir** ensemble ?) dont on ne sait pas ce qu'elle produira. Les lignes de fuite de nos puissances *individuent du collectif.*

1. G. Deleuze, « Préface à L'Anomalie sauvage » (1982), *Deux régimes de fous*, Paris, Minuit, 2003, p. 175.

2. La typographie utilisée ici vise à faciliter la comparaison avec les deux définitions de « rapport de pouvoirs » (§ 60) et de « relation de puissance » (§ 70).

59. Faire, c'est s'exécuter *en vue d'autres choses* – que les effets objectifs de mon action. Pour cela, il faut *avoir* les moyens de.

Réclamer d'« avoir plus de moyens » est un mot d'ordres d'empotenté·es.

60. Un rapport de pouvoirs consiste à **faire faire** en vue d'atteindre des *fins* – et exiger pour cela que les individus soient *déjà* compétents pour réussir. D'où l'apologie du savoir, contre l'apprendre, afin de pouvoir exploiter des (con)formé·es.

En effet, les empotenté·es catégorisent à tout va : il faut pouvoir re-connaître facilement de qui on a besoin dans telle ou telle situation. « Donnez-moi un·e enfant à éduquer » ; « Donnez-moi une femme à séduire » ; « Donnez-moi un·e handicapé·e à insérer » ; « Donnez-moi un·e pauvre pour lui offrir un emploi » ; « Donnez-moi un·e barbare à civiliser ».

61. On peut introjecter la logique des rapports de pouvoirs et se donner des ordres à soi-même. Une tradition philosophique a loué cela en le nommant : gouvernement de soi, maîtrise, autonomie, etc. Or, peu importe qui tient la cravache si l'on conserve ce qui fait l'essence de ces rapports.

La définition du fragment précédent peut donc s'entendre ainsi : je me *rapporte (à) moi-même* – ayant perdu les relations de nécessité – chaque fois que je me fais faire, en vue d'atteindre des fins, et que je m'efforce d'être compétent·es pour réussir.

62. Prendre la question des rapports de pouvoirs à la racine de l'éducation, c'est asseoir une solidité conceptuelle qui ne s'en laisse pas conter par la mauvaise foi qui gagne tout individu coopté au sein d'une classe commandante. Or, faute de revenir à cette radicalité, on sous-estime largement la dose massive des mystifications et des concessions qui saturent nos pratiques ordinaires – *en tant qu'adultes, d'abord.*

63. « Tu ne veux pas le faire, mais on va le faire quand même » : structure cristalline de l'oubli du consentement, qui dépasse largement la question du rapport sexuel – ou alors il faudrait étendre le concept de viol à bien des pratiques de « violences ordinaires ».

64. On n'est pas toujours très lucide sur les fins que l'on se donne. Il arrive souvent qu'une fin perçue ne soit, en réalité, qu'un moyen en vue d'une autre fin qu'on n'interroge pas vraiment.

Ainsi, l'appétit pour « plus de pouvoirs », cette adoration des fins, peut commencer dès l'enfance : je veux des bonnes notes en vue de passer dans la classe supérieure, passage espéré en vue d'aller jusqu'à l'obtention de mon diplôme, diplôme obtenu en vue de faire un bon métier, métier accompli en vue d'avoir un salaire confortable, salaire accumulé en vue d'avoir du pouvoir d'achat. Toute la durée de l'existence est ratatinée au statut de moyens abstraits et non désirés pour eux-mêmes. Ne reste que le fantasme d'un accès direct aux fins. (Gagner au Loto.)

65. S'habituer à la logique des rapports de pouvoirs, c'est commencer par les subir en tant qu'empotentant·es : voir sa puissance d'agir *fixée* – puissances perceptives empêchées – et *captée* – puissances cognitives dirigées.

66. Les rapports de pouvoirs donnent un rôle et font croire que, sans ce rôle, la vie n'aura pas de sens. Ils écrivent le texte de la pratique : « tais-toi ! » et « récite ! » sont les deux faces d'un même commandement. Silenciation et ventriloquie se soutiennent mutuellement. Exemple : « sois belle et tais-toi ! », « dis merci et tais-toi ! », « va travailler et tais-toi ! », etc.

67. « En se politisant, le militant est à la recherche d'un rôle qui le mette au-dessus des masses. Que ce "au-dessus" prenne des allures "d'**avant-gardisme**" ou "d'**éducationnisme**" ne change rien à l'affaire. Il n'est déjà plus le prolétaire qui n'a rien d'autre à perdre que ses illusions ; il a un rôle à défendre. »[1]

68. Une amie me racontait l'horreur du souvenir de sa mère lui essuyant le visage avec son doigt mouillé de salive.

L'insouciance des gestes intrusifs des empotenté·es est la première sidération qu'il nous faut dépasser pour commencer à

1. *Le Militantisme, stade suprême de l'aliénation*, textes présentés et annotés par C. Guillon, Paris, Éditions du Sandre, 2010.

agir. Ça peut faire bizarre les premières fois : cette propension des adultes à tripoter le corps des enfants, à remettre en place leurs vêtements, etc.

69. Empotenté·e : occupant une place qui autorise à « faire faire » aussi bien qu'à « faire à la place de ». « Je vais te faire jouir » et « laisse-moi t'apporter la jouissance » sont les deux faces d'une même violation. Il faut aller bien au-delà du sens sexuel de la jouissance pour saisir l'étendue du spectre des intrusions.

70. La puissance, c'est **agir** <u>avec</u> nos *moyens* depuis *là où* nous devenons ensemble.

71. La puissance d'agir n'est pas une « compétence ». Harmut Rosa précise ainsi : « La compétence signifie la maîtrise sûre d'une technique, l'acte de *pouvoir-disposer* à chaque fois de quelque chose que je me suis approprié en tant que possession. »[1].

72. « Je déploie quelque peu, peut-être beaucoup trop, ce qui alors s'évoque d'un geste où l'*agir* l'emporte sur le *faire* où prédomine l'intention, qu'elle soit consciente, ou, comme on dit, inconsciente.

Que l'*agir* soit dépourvu d'intention, c'est bien ce que je veux dire.

Et pourtant, l'*agir* existe bel et bien, humain à n'en pas douter, et non pas résidu de quelque inaptitude. »[2].

73. « Fais ton deuil » : expression atroce, injonction en vue du contrôle des psychés, parfois assuré par le pouvoir psychologique, pour que tout se passe « comme prévu », contre tout débordement affectif, toute ré-invention singulière et imprévisible de nos relations aux morts.

1. H. Rosa, *Résonance. Une sociologie de la relation au monde*, Paris, La Découverte, 2018.

2. F. Deligny, *Les Détours de l'agir ou le moindre geste*, Paris, Hachette/L'échappée belle, 1979 ; dans *Œuvres*, édition établie par S. Alvarez de Toledo, Paris, Éditions L'Arachnéen, 2007, p. 1250.

Agir avec les morts outrepasse le deuil dans sa forme autoritaire[1].

74. « Aucun pouvoir ne va de soi, aucun pouvoir quel qu'il soit n'est évident ou inévitable, aucun pouvoir, par conséquent, ne mérite d'être accepté d'entrée de jeu. Il n'y a pas de légitimité intrinsèque du pouvoir ».[2] Michel Foucault a raison d'insister : le pouvoir n'est pas une substance agissante ; il y a pouvoir parce qu'il y a des différenciations préexistantes auxquelles nous sommes rapporté.es. Parmi les conquis conceptuels de Foucault, on peut retenir au moins ces quatre-là :

a) Le refus de substantialiser le « pouvoir » : il n'y a pas « le Pouvoir », mais des rapports de pouvoirs qui s'actualisent en situation.

b) Le refus de réduire le pouvoir à la forme négative de l'interdiction : le pouvoir n'est pas uniquement répressif (surveillant), il peut être incitatif (bienveillant). Le pouvoir a surtout besoin de se faire obéir, mais l'extraction de docilité peut être négative comme positive.

c) Le rejet de la représentation juridique du pouvoir, identifié au texte de la loi, alors que le pouvoir existe d'abord dans l'entrelacs des techniques de rapportage : dispositifs qui énoncent d'illusoires substances premières et secondes – prises pour les « piliers de la réalité ». Le vrai problème n'est pas celui de la légitimité, mais celui de l'acceptabilité de telles fictions.

d) Les rapports de pouvoirs forment un champ stratégique puisqu'ils rendent prévisibles les comportements humains – par conformation et normalisation. La question de la possible résistance tactique en constitue le talon d'Achille.

75. Une fois qu'on a dit que le pouvoir n'était pas de nature substantielle, on n'a fait qu'amorcer la problématisation : on ne peut s'arrêter à « rapport de pouvoir » comme si l'on avait tout

1. Voir V. Despret, *Au bonheur des morts*, Paris, La Découverte, 2015.

2. M. Foucault, « Leçon du 30 janvier 1980 », *Du Gouvernement des vivants*, Paris, Seuil-Gallimard, 2012, p. 76.

dit. Le singulier de « pouvoir » est encore louche : ce n'est pas en secondarisant « pouvoir » en complément du nom qu'on en a fini avec notre *imaginaire-DU-pouvoir.*

76. Le pouvoir n'est pas une substance, certes : il n'y a que des rapports de pouvoirs. Mais j'insiste : le rapport n'est pas la relation, puisqu'il y a rapport lorsqu'il y a croyance en l'antériorité des substances (données) *rapportées* l'une à l'autre.

Ultimement, la distinction entre pouvoir et puissance tient dans l'hypothèse métaphysique de la genèse des « liens », donc dans la distinction entre *rapport* et *relation.*

Le rapport re-lie : il fait croire à des liens inter-individuels fondés par des substances (premières et secondes) qui lui seraient antérieures : c'est pourquoi il nous *rapporte* à celles-ci en les présupposant. Le rapport coordonne des fictions ontologiques.

La relation lie : elle est première, comme évènement ; elle forme des liens trans-individuels qui valent rencontres en nous transformant. La relation est une réalité métaphysique.

77. Importance du nominalisme de Spinoza : la Volonté ça n'existe pas, ni même l'Entendement (pas comme des facultés qui seraient des contenants de nos velléités et de nos idées)[1], de même que le Mal ou le Bien n'existent pas. Ne pas se payer de mot, c'est ne pas être dupe du substantialisme. On pourrait même parler d'un nominalisme au carré : puisque ni les substances secondes ne sont réelles (la Femme ou la Chevaléité ne sont pas des réalités), ni même les substances premières (il n'y a pas de Moi ou de Substrat formant des arrière-mondes plus réels que le nôtre en constant devenir).

Ce nominalisme radical prive les rapports de pouvoirs de leur carburant au sein des imaginaires, qui consiste à nous abreuver d'un monde de substances – premières et secondes –, *rapportées* les unes aux autres.

1. Spinoza, *Éthique*, II, 48.

78. Les ordres de pouvoirs font des « concessions » : ils nous la font à l'envers – tout en se parant de magnanimité.

« J'accepte d'un-peu-moins-t'exploiter en échange du fait que je puisse quand-même-t'exploiter. »

Il s'agit de faire croire que l'exigence découle de ce qu'aurait été « donnée » quelque chose, alors que c'est l'inverse : faire des concessions, c'est la stratégie pour exiger des concessions. Belle illustration de la capacité à produire des effets d'obéissance *à partir de rien.*

79. Quand on se plaint que les enfants négocient beaucoup, il faut surtout s'inquiéter du fait qu'elles et ils sont en train d'imiter des rapports de pouvoirs qui leur ont été imposés.

La négociation est le liquide amniotique des ordres de pouvoirs : rendre acceptable l'exigence en con-cédant. Apprentissage du non-consentement : l'empotenté·e nous fait croire qu'il ou elle cède avec nous pour mieux nous faire céder.

80. Ne pas être dupe des faux ensembles (abusant du préfixe « cum ») qui ne sont que des soumissions d'une solitude à une autre : on te fait céder et l'on nomme cela une « concession » ; on veut te faire parler et l'on nomme cela une « convocation » ; on veut que tu sentes conformément à une envie et l'on nomme cela un « consentement » ; on veut te sélectionner et l'on nomme cela « concourir » ; on veut te faire parvenir et l'on nomme cela « convenir » ; etc.

3.
L'OUTIL PRINCIPAL DU MAÎTRE

81. « Les structures anciennes de l'oppression, les vieilles recettes de changement sont ancrées en nous, c'est pourquoi nous devons, tout à la fois révolutionner ces structures et transformer nos conditions de vie, elles-mêmes façonnées par ces structures. Parce que les outils du Maître ne détruiront jamais la maison du Maître. »[1]

Ces phrases sublimes d'Audre Lorde décrivent notre fascination ordinaire pour les rapports de pouvoirs : croire, par obéissance à leur logique, qu'on peut s'en libérer en jouant avec les mêmes règles.

L'ultime soumission : dépenser notre énergie à diffuser les mêmes méthodes que nous prétendons combattre.

D'où l'aventure qui nous attend : « Nous devons nous concentrer sur cette partie de l'oppresseur enfouie au plus profond de chacune de nous, et qui ne connaît que les tactiques des oppresseurs ».[2]

82. Dans un autre texte, Lorde emploie la même image pour la première fois ; on peut y lire cette nuance : « *Les outils du maître ne détruiront jamais la maison du maître.* Ils peuvent peut-être nous donner la possibilité, momentanément, de le battre à son propre

1. A. Lorde, « Âge, race, classe sociale et sexe : les femmes repensent la notion de différence », dans *Sister Outsider*, Genève, Éditions Mamamélis, 2003, p. 131.

2. *Ibid.* Voir aussi les belles études de cas publiées récemment : *La Joie militante*, Rennes, éditions du commun, 2021 et *Faire justice*, Paris, La Fabrique, 2023.

jeu, mais jamais ils ne nous permettront de provoquer un véritable changement »[1].

Cette deuxième phrase évoque un jeu risqué. Peut-on aller jusqu'à craindre que ce soit un jeu *fixé*, sans jeu (au sens du mouvement libre), où l'on ne peut que perdre ?

83. « Toutes les révolutions eurent pour conséquence unique de perfectionner l'appareil d'État, au lieu de rejeter ce cauchemar étouffant. »[2]

84. Dans la liste des défenses malheureuses face aux pouvoirs, consistant à emprunter les outils du maître, il y a le *mensonge* : mentir à qui nous opprime, au risque de finir par nous mentir à nous-mêmes. Adrienne Rich a écrit des pages magnifiques sur ce problème[3] : nous mentons pour survivre, mais à force de jouer la comédie, nous devenons complices.

85. Le mensonge est un contre-pouvoir : il charrie tous les pièges des usages de pouvoirs contre d'autres pouvoirs, la tentation d'user des mêmes codes que ceux de la cause de notre oppression.

86. Le mensonge naît de la croyance de savoir, à la place de l'autre, ce qu'il ou elle peut expérimenter : « je ne voulais pas te faire de mal ». Le mensonge suit la logique des rapports de pouvoirs, qui est d'éviter l'autre, ou du moins de prendre des raccourcis dans son appréhension.

La conséquence est inévitable : « Celle qui ment vit dans une inextricable solitude. Celle qui ment a peur »[4].

1. A. Lorde, « On ne démolira jamais la maison du maître avec les outils du maître », dans *Sister Outsider*, *op. cit.*, p. 117.

2. K. Marx, « Premier essai de rédaction de *La Guerre civile en France* », dans *La Guerre civile en France*, Éditions en langues étrangères, 1972, p. 173.

3. A. Rich, « Les femmes et le sens de l'honneur. Quelques réflexions sur le mensonge », dans *La Contrainte à l'hétérosexualité*, Genève, Éditions Mamamélis, 2010.

4. *Ibid.*

87. Face aux mensonges des pouvoirs, on peut en venir à se croire fol.les en demeurant fidèles à la vérité de nos expériences. Il y a mille exemples infrapolitiques de ces déchirures qui arrachent le plus doux de nos peaux pour « sauver notre peau ».

88. Les empotenté·es sont tout autant gouverné·es par l'hégémonie, *mais ça leur profite.*

89. Le refus de parvenir n'est pas une lâche manière de laisser l'oppresseur « faire ce qu'il veut ». Un tel refus n'est pas inoffensif politiquement; c'est tout le contraire : il est offensive pure – bien que jamais brutalisant.

Il s'agit de créer nos propres coordonnées de la lutte : cesser de jouer sur le terrain et avec les armes de nos ennemis.

90. Occuper une place d'empotenté·e rend indigent·e, mais incroyablement nuisible.

91. Le meilleur diagnostic de ce qu'un·e Occidental·e entend par liberté a été fait par Aurélien Berlan : en tant qu'empotenté·es, nous confondons la liberté avec la *délivrance.* Or, « pour être *délivré·e des nécessités* de la vie quotidienne, la seule voie reste de se défausser sur les autres des efforts nécessaires pour satisfaire nos besoins, c'est-à-dire de leur *faire faire* les tâches correspondantes. Ce qui suppose de les y contraindre, par la force et/ou d'autres stratagèmes : en pratique, la délivrance matérielle passe par la domination sociale »[1].

92. La toxicité des rapports de pouvoirs est telle que l'on peut en arriver à songer à la mort de l'autre (en tant qu'empotenté·e) comme à une délivrance.

Les pages de Barbara Deming, citées longuement par bell hooks dans *La Volonté de changer*[2], me paraissent cruciales, car la chose est rarement exprimée : le plus bas degré de la puissance

1. A. Berlan, *Terre et liberté*, *op. cit.*, p. 82.

2. bell hooks, *La Volonté de changer. Les hommes, la masculinité et l'amour*, *op. cit.*, p. 13-14.

trouve refuge dans l'espoir de la mort des empotenté·es. bell hooks reprend ensuite la parole et sa voix nous dit : « À l'époque où j'étais une jeune femme d'une vingtaine d'années qui ne comptait pas encore sur ses propres forces, j'ai souvent souhaité la mort des hommes qui m'entouraient. J'ai désiré la mort de mon père dès mon enfance. C'était ma manière de répondre à sa rage, à sa violence. Je rêvais qu'il parte, qu'il meure, qu'il parte pour toujours. La mort, c'était le moyen de conjurer la peur suscitée par la phrase : "Attends un peu que ton père rentre à la maison". La menace de la punition était si forte, son pouvoir sur nous, tellement réel ! »

93. Spinoza *versus* Freud : la « pulsion de mort » ne peut être qu'une réponse apprise, n'ayant rien de naturelle, encore moins de vitale. Cette réponse paralysante est le paradigme de l'attente : s'attendre à ce qu'il y ait de la mort-qui-délivre. L'impuissance même – tracée dans la chair à coups de sanctions.

94. Il y a dans cette envie de mort une symétrie troublante qui dit la profondeur du mécanisme mimétique dans les rapports de pouvoirs : l'empotentant·e imaginant la mort de l'empotenté·e, sous un même régime qui est celui de l'envie – celle d'être délivré·e.

L'idée oxymorique de « justice punitive » est sans doute née de ce terreau de souffrances.

Cela dit aussi quelque chose de l'imaginaire de la liberté-comme-délivrance, du point de vue des empotenté·es : c'est une pulsion de mort, voire de meurtre. (Symbolique, ou pas : il suffit de voir le prix, en vies humaines et autres qu'humaines, des formes de vie occidentales, capitalistes, industrialisées, etc.)

95. Il est impossible de ne pas être nuisible dès lors que l'on use des outils des maîtres. Pourtant, demeure la croyance que le *faire* des pouvoirs puisse être salvateur, provoquant ce que le Comité invisible nomme la « malédiction de la symétrie ».

« Il semble parfois que les révolutionnaires soient condamnés à se constituer sur le modèle même de ce qu'ils combattent. Ainsi, comme le résumait en 1871 un membre de l'Association internationale des travailleurs, les patrons étant organisés mondialement comme classe autour de leurs intérêts, le prolétariat devait s'organiser mondialement, en tant que classe ouvrière, et autour de ses intérêts. Comme l'expliquait un membre du tout jeune parti bolchevique, le régime tsariste était organisé en un appareil politico-militaire discipliné et hiérarchique, le Parti devait donc lui aussi s'organiser en appareil politico-militaire discipliné et hiérarchique. On peut multiplier les cas historiques, tous également tragiques, de cette *malédiction de la symétrie.* »[1]

96. On sous-estime grandement ce qu'a fait de nous l'éducation traditionnelle, qui dit : « Il faut réduire l'enfant à faire ce que veut l'adulte, l'adulte pourra alors le conduire au bien et l'enfant moral est fait. »[2]. Enfants, nous avons ainsi appris à « seconder » nos maîtres pour qu'ils puissent *faire les maîtres.* Aujourd'hui, tant de souffrances, tant de révoltes maladroites continuent d'exister parce que cet être moral existe encore en nous.

97. La dénonciation ou l'ostracisation sont des gestes d'empotenté·es aimant *sanctionner.*

« Faute lexicale », « mauvaise attitude »[3] : tout un vocabulaire moraliste s'empare de celles et ceux qui miment les maîtres en prétendant les combattre. C'est le pire de la pédagogie autoritaire et dogmatique, et cela bride les destinataires (peur de se tromper, autocensure, etc.) au lieu de rendre possibles l'errance et le tâtonnement. De telles régressions pédagogiques embrassent les logiques punitives, à rebours d'un siècle de pédagogies critiques démontrant le rôle crucial de l'erreur dans tout processus vivant d'apprentissage.

1. Comité invisible, *À nos amis*, *op. cit.*, p. 158.

2. M. Montessori, *Pédagogie scientifique* – propos critiques tenus par l'autrice, qui ne souscrit évidemment pas à ce « il faut » ; citée par Bérengère Kolly, « L'Auto-éducation montessorienne », dans A. Janvier et S. Audidière (dir.), *Il faut éduquer les enfants*, Paris, ENS Éditions, 2022, p. 165.

3. Voir le diagnostic proposé par Elsa Deck Marsault dans les milieux militants : *Faire justice*, *op. cit.*, p. 19-30.

98. Apercevoir en nous les réflexes qui trahissent que nous continuons à être les bon·nes élèves du maître.

99. Le maître n'est pas une personne. À la rigueur, on peut dire qu'il y a des personnes qui ne sont constituées que de maîtres – cas asymptotique du « dominant intégral »[1].

100. On devient empotenté·es *au nom du* maître, du rapport et du saint ordre.

Cette confiscation imaginaire de la puissance d'agir produit des effets réels dès lors qu'on y croit, car nous voilà nominé·es en fonction d'appartenance à des classes abstraites et polarisées : Mâle (*femelle*), Adulte (*enfant*), Blanc (*noir*), Sachant (*ignorant*), Raisonnable (*fou*), Chrétien (*fanatique*), Sain (*malade*), Hétéro (*inverti*), Civilisé (*barbare*), Riche (*pauvre*), Travailleur (*paresseux*), Beau (*laid*), Valide (*handicapé*), Citadin (paysan), etc.

101. Le maître, c'est aussi le couple, la famille, la patrie, le travail : autant d'institutions qui existent sous les formes les plus adventices – un père qui vous frappe, un mari qui vous humilie, un patron qui vous menace – ou bien les plus introjectées – vouloir rendre fier son père, se sentir exister sous le regard concupiscent d'un homme, faire du zèle pour ne pas être licencié·e, etc..

102. « Celui qui combat des monstres doit prendre garde à ne pas devenir monstre lui-même. Et si tu regardes longtemps un abîme, l'abîme regarde aussi en toi »[2]. La malédiction de la symétrie décrit l'un des ressorts principaux du pouvoir éducatif : vouer les êtres humains à vouloir *faire comme* ceux et celles qui les oppriment.

103. Revendiquer : attendre que le maître *se maîtrise*. Tactique bien étrange qui consiste à mettre son salut sous la dépendance

1. Sur l'Homme comme personnage conceptuel du dominant intégral, voir Sébastien Charbonnier, « En finir avec l'Homme, recréer autrui », *lundi matin* #437, 16 juillet 2024.

2. F. Nietzsche, *Par-delà Bien et Mal*, § 146.

du maître; plus même : dans la réplication, au carré, des outils du maître.

Par contraste, il y a un féminisme qui vise le plein déploiement des puissances des femmes, par la construction d'une mutuelle confiance. Que signifierait une stratégie qui voudrait que les hommes se maîtrisent, comme moyen pour qu'ils cessent d'être des maîtres ?

104. Faux problème de la libération comme *prise de pouvoir.* Si l'émancipation des femmes, par exemple, souscrit aux normes de l'imaginaire masculin de la liberté, elle est une émancipation impossible, puisqu'elle reproduit cela même qui est la cause de l'oppression.

105. Devenir majeur·e signifie obéir aux règles du pouvoir de l'ancienneté, qui naturalisent des rapports de domination à l'aide de la métaphore biologisante du « développement ». Devenir majeur·e, c'est donc calquer l'émancipation sur l'imitation du maître-adulte, afin d'occuper soi-même, plus tard, *une place.*

106. La volonté de mieux « distribuer le pouvoir » est l'ultime raffinement des empotenté·es. « L'accès à… » est l'une des plus persistantes erreurs tactiques dans les luttes d'émancipation, qui ne seront jamais victorieuses précisément parce qu'elles prétendent contribuer à un meilleur « accès » au pouvoir, d'après un imaginaire politique doublement humiliant. Premièrement, il y aurait un *retardement* des opprimé·es, dès lors voué·es à « faire comme » leurs maîtres[1]; d'où, corrélativement, cette représentation des empotenté·es comme *modèles* à imiter, comme places à convoiter, comme rôles auxquels on veut « aussi avoir droit ».

107. La domination par l'ancienneté est conceptuellement passionnante, car elle a une consistance à toute épreuve : c'est un ordre qui *coopte* structurellement, puisqu'il promet l'accès de l'autre côté de la barrière. « Tu verras quand tu seras grand·e » : le

1. V. Mozziconacci, *Qu'est-ce qu'une éducation féministe ?*, Paris, Éditions de la Sorbonne, 2022, p. 74-94.

pouvoir des ancien·nes n'a pas peur des transfuges, il est tout entier voué à les former.

Cet ordre de pouvoirs est donc un modèle pour la réflexion tactique : on sait que l'*accès* n'a jamais permis la moindre révolution, sinon ça se saurait depuis des millénaires.

108. « Laissez-moi prendre ma part », dit la personne qu'un mélange de morale de l'effort et de récit ascensionniste a corrompue jusque dans ses élans.

109. La soif d'*intégration* est le symptôme le plus criant de la servitude des empotentant·es qui jouent les jeux des rapports de pouvoirs en espérant pouvoir jouir des privilèges, structurellement injustes, réservés aux empotenté·es. D'où les positions objectivement paradoxales comme celle des mères patriarcales, des nationalisé·es anti-migrant·es, des jeunes adultes moquant les adolescent·es, etc.

Tous ces signes de mépris sont nés d'une admiration pour ce qu'il a fallu construire en soi contre soi-même. Nés, aussi, d'un oubli des puissances qu'on a traversées : les rapports de pouvoirs rendent amnésiques.

110. Le travail analytique et matérialiste d'Houria Bouteldja ou Louisa Yousfi met en avant le paradigme *intégrationniste* du racisme : manière étouffante d'enjoindre à « faire comme » les blanc·hes, voire à devoir faire plus – être « exemplaire » – comme preuve de sa « bonne volonté »[1].

Car la soumission des corps ne suffit pas à la pulsionnalité blanche : il faut aussi une soumission des esprits et des volontés. Les ordres de pouvoirs veulent toujours être aimés, dans leurs coordonnées propres : cela signifie qu'ils veulent être enviés par des « volontés libres »[2].

1. Voir H. Bouteldja, *Les Blancs, les Juifs et nous*, Paris, La Fabrique, 2016 ; L. Yousfi, *Rester barbare*, Paris, La Fabrique, 2022.

2. Voir les descriptions de l'amour dans les pages célèbres de *L'Être et le néant* sur l'aspiration à « être aimé·e par une liberté » – conséquence de la croyance au libre-arbitre.

Ce paradigme est fondamental; et il doit être généralisé à tous les rapports de pouvoirs : les femmes ont à devenir comme les hommes, les enfants ont à devenir comme les adultes, les barbares ont à devenir comme les blanc·hes, il faut réclamer du « pouvoir d'achat » en lieu et place de la lutte des classes, etc.

La matrice de l'hégémonie culturelle est de river le schème conceptuel de l'émancipation au point de vue de l'oppresseur·e : « devenir plus libre, c'est faire comme Moi ». C'est d'abord à cela qu'il faut absolument échapper.

111. Puissance de l'enfance : « être entièrement là, sans reste, est rare et devient de plus en plus rare au cours de la vie, au fur et à mesure que notre moi dispersé, fragmenté, prend la relève, que l'absence à nous-même devient la règle »[1]. L'appréhension de cette puissance, avec les yeux des empotenté·es, devient désobligeante : elle est jugée ridicule, fragile, secondaire, anecdotique, puérile, non prioritaire.

112. On n'en aura jamais fini avec la prudence lorsqu'il s'agit de comprendre les rapports de pouvoirs : toujours apprendre à les observer opérer en soi avant de prétendre faire des diagnostics pour les autres. Les empotenté·es se reconnaissent premièrement à cette tendance à croire que les malheurs, les souffrances, les oppressions, c'est « chez les autres ».

Exemple : s'il faut combattre les violences sexuelles, les politiques bourgeoises de « sensibilisation » iront dans les « quartiers » – mais pas les « beaux »[2].

113. Qui enlève la poutre de son œil visera d'autant mieux pour enlever la paille dans l'œil de l'autre. Le souci de soi n'a jamais signifié une dépolitisation de la pratique : c'en est même la condition première.

Voir l'autodéfense martiale ou intellectuelle.

1. A. Dufourmantelle, *Puissance de la douceur*, Paris, Rivages Poche, 2022, p. 126.

2. Voir S. Massei, *L'égalité pour les autres : éducation à l'égalité entre les sexes et racialisation du sexisme en France*, Thèse de doctorat, Paris 1, 2020.

114. Depuis la philosophie de l'éducation, on ne peut qu'être étonné·e de l'absence de prise en compte de la domination par l'ancienneté dans les analyses sur le capitalisme et les diverses dominations.

À prendre le problème *si tard*, nous *minorons* un problème que l'état patriarcal a pris très au sérieux, lui : puisque les dominations risquent de s'effondrer à chaque génération, il faut sans cesse reproduire l'intégralité de la fantasmagorie des pouvoirs dans les esprits et les corps. Cette fragilité des ordres de pouvoirs, leur talon d'Achille, est ce qui rend cruciale la question éducative.

115. En éducation, l'amour inconditionnel fait souvent peur aux empotenté·es, car ils et elles croient que cela signifiera : se soumettre. Cette confusion est infiniment triste, car elle trahit le fait que la plupart des relations entre parents et enfants sont déjà des rapports de pouvoirs.

116. L'inconditionnalité : « je t'aime donc il vaut que notre relation existe ».

La conditionnalité : « il se pourrait que je t'aime *si tu fais ceci et cela qui prouverait ta valeur* ». Les rapports de pouvoirs naissent des conditions imposées, *leurs* conditions. « Tu auras droit à cela, si… »

117. La puissance se vit dans le creuset de la nécessité : les *déterminations* forment son milieu au sein duquel tous les apprentissages sont possibles.

Les rapports de pouvoirs nous plongent au contraire dans l'arbitraire des *conditions*, cela n'a rien à voir. Dans l'ordre éducatif : la conditionnalité comme chantage affectif (inscrivant en nous des préjugés viscéraux) rend possible le conditionnement comme dressage cognitif (matrice des préjugés idéologiques) qui façonne la condition sociale comme attribut perceptif (reconnaissance « spontanée » des ordres de pouvoirs incarnés dans les personnes rencontrées).

118. L'aliénation ne peut désigner un « danger » des déterminations – comme si la *nécessité* était un problème. Le problème ce n'est ni la matérialité ni la socialité de nos existences : le monde et les autres ne sont pas un mal.

119. Le conditionnement signifie très précisément, et littéralement : remplacement des déterminations réelles et objectives par des conditions illusoires et arbitraires. Le conditionnement est donc la mise sous emprise de la *conditionnalité* qu'imposent les empotenté·es au mode d'existence des exploité·es. « Si tu ne fais pas ça, maman sera déçue » ; « si tu n'as pas cotisé, tu n'as pas droit à… » (punition). « Si tu te maquilles, tu seras plus jolie » ; « si tu ne pleures pas, tu seras un homme » (récompense).

120. Les grands acteurs de l'institutionnalisation de l'instruction obligatoire savaient l'importance de ce qu'ils mettaient en place pour conserver les ordres. Jules Ferry : « Quand nous parlons d'une action de l'État dans l'éducation, nous attribuons à l'État le seul rôle qu'il puisse avoir en matière d'enseignement et d'éducation : il s'en occupe pour maintenir une certaine morale d'État, certaines doctrines d'État qui sont nécessaires à sa conservation. »[1].

121. Ce que visent les rapports de pouvoirs, c'est moins le cognitif que le conatif : « l'information n'est que le strict minimum nécessaire à l'émission, transmission et observation des ordres en tant que commandements »[2].

122. Norman Ajari propose de pasticher la formule célèbre de Steve Biko : « l'arme la plus efficace (*potent*) entre les mains de l'oppresseur·e est *l'espoir* de l'opprimé·e »[3].

1. Jules Ferry, « Discours à la Chambre du 26 juin 1879 » ; cité par Cl. Lelièvre, « État éducateur et déconcentration administrative », *Carrefours de l'éducation*, n° 26, 2008.

2. G. Deleuze et F. Guattari, *Mille plateaux*, Paris, Minuit, 1980, p. 96.

3. N. Ajari, « Pour des études noires sans compromis », *lundimatin #321*, 10 janvier 2022. « Espoir » remplace « esprit » (*mind*) de la citation originale. Voir aussi Norman Ajari, *Noirceur*, Quimperlé, Éditions Divergences, 2022.

Face à cela, le refus absolu de l'attente d'un lendemain meilleur est un refus de la passivité induite par l'espérance dans un autre monde – qui se fonde sur une haine du monde présent, une haine de la présence, du corps, de l'autre, etc. Or, l'attente induite par l'espoir suppose un récit pré-écrit – le maître tenant la plume.

Cessons donc d'attendre et de s'attendre à ce que se réalisent les promesses du maître ! Les berceuses de ce dernier endorment : elles sont faites pour cela. Tous ses mots *bienfaisants* (« égalité », « justice », « progrès ») s'inscrivent dans les ordres de pouvoirs dont il jouit, au sein desquels ils n'ont pourtant aucun sens. *Ne plus y croire* définit un *pessimisme* joyeux, au sens (spinozien) où cela permet de redéployer enfin notre puissance d'agir : c'est en désespérant du maître qu'on cesse de croire en lui – et dans les fins qu'il nous propose –, retrouvant alors confiance en nos propres forces.

123. Le maître a un outil qui porte son nom : la « maîtrise ». Ses déclinaisons politiques, telles la « souveraineté » ou la « gouvernance », asphyxieront la pensée occidentale avec une ferveur renouvelée quand elle engendrera son monstre le plus grotesque : l'état – auquel la langue française (réglée par les vainqueurs) aime mettre une majuscule, comme à tous les grands « succès » patrimoniaux de l'Occident : l'Homme, Dieu, l'État, le Droit, l'Histoire, etc.

124. L'outil principal de l'ennemi principal, c'est la maîtrise du maître. Cette tautologie grammaticale promet une simplicité cristalline de bon aloi pour la pratique : finissons-en avec la maîtrise et nous aurons beaucoup œuvré pour en finir avec nos maîtres.

125. Quand vous cessez de nourrir un prédateur, il se remet à chasser. Quand vous apprenez à vous défendre, ses chasses l'épuisent. Alors : soit il change de régime, soit il meurt.

Il y a donc trois moments. 1) Phase d'explicitation : la brutalité des rapports de pouvoirs perd sa discrétion. 2) Phase d'exercitation : on découvre que le corps peut beaucoup plus qu'on ne croit, la puissance s'expérimentant et débordant largement les anticipations meurtries d'un imaginaire fixé par les ordres de pouvoirs. L'ennemi s'avère de plus être bien moins puissant que nous ne le craignions. 3) Phase de déduction : personne ne peut plus se payer de mots.

Pour l'oppresseur, « c'est le premier pas réel hors du cercle. C'est nécessaire »[1]. Savoir gré ou mourir.

126. « Je ne fais pas de politique » : aveu infaillible des empotenté·es, volontiers à l'aise avec une « neutralité » qui laisse faire le statu quo dans la société inégalitaire dont ils et elles jouissent.

127. On arrive aux places de pouvoirs comme on rentre dans les ordres : la soumission et la promotion sont les deux faces d'un même processus. « Je te tyrannise » veut dire « je t'asservis » en même temps que « c'est par moi que tu es promu à tyranniser, je te nomme tyran »[2].

128. Il est utile de démêler une confusion : le « rapport de pouvoirs » est trop souvent compris comme un « rapport de forces » en un sens *émanatiste*, donc encore substantialiste, de la « force ». C'est comme si l'individu était premier et exerçait sa force depuis lui-même – qui « émanerait » d'on ne sait quel fond propre. Romain Graziani appelle cela une « éthique du muscle »[3] : le paradigme en est le geste moteur ordinaire (lever le bras par exemple) en tant qu'il est perçu comme résultant d'un choix de notre volonté libre effectué *en vue* de quelque chose.

Bien loin d'une axiologie taoïste ou nécessitariste, le « rapport de force » est alors entendu comme l'imposition « librement voulue » d'une contrainte d'une personne sur l'autre. C'est ce qui résiste chez certain·es qui croient que l'anarchisme de notre condition humaine signifie un plan anthropologique d'êtres humains *délivrés*, au sens

1. C. Rochefort, *Définition de l'opprimé* – préface à V. Solanas, *Scum manifesto*, Paris, La Nouvelle société, 1971.

2. F. Deligny, *Le Croire et le craindre*, Paris, Stock 1978 ; dans *Œuvres*, Paris, Éditions L'Arachnéen, 2007, p. 1132.

3. Voir R. Graziani, *L'Usage du vide*, Paris, Gallimard, 2019.

où s'affronteraient des individus *capricieux*, axiologiquement en roue libre – ce qui est une figure déjà socialement construite, celle de l'empotenté·e précisément[1].

129. Le mot puissance parfois fait peur, car il est confondu avec la brutalité viriliste.

130. Notre condition est anarchique : pas de valeurs absolues ni données. Soit[2]. Mais on ne fait pas ce qu'on veut depuis cette condition, puisque l'immanence tisse rationnellement (*ratio* = *causa*) les valeurs relationnelles et projectives. Chez Spinoza, il y a une axiologie objective des puissances d'agir, dont les critères immanents à l'expérience peuvent être objectés à l'axiomachie mythomane des rapports de pouvoirs.

Il y a bien des modes d'existence qui sont de plus grandes perfections parce qu'ils rendent possible d'éprouver des passions joyeuses, devenant ainsi plus proches de la vie, plus capables de rendre possible. Question de sensibilité, sans doute : une lecture de Spinoza comme celle de Deleuze est plus sensible que celle de Lordon aux conséquences de l'immanence chez Spinoza, et au problème de *l'expression* des puissances[3].

131. Ne laissons pas aux maîtres le luxe narcissique de nous faire confondre la puissance avec les coups qu'ils ont fait pleuvoir sur notre corps et notre âme – ces gestes qui traduisaient toute leur impuissance.

1. Par exemple, F. Lordon, *La Condition anarchique*, Paris, Seuil, 2018. Or, le concept de « délivrance » donne à voir la conception très particulière que s'est faite la pensée occidentale de la liberté : imaginer pouvoir agir en dehors des nécessités – biologiques, matérielles, etc. Voir les analyses d'Aurélien Berlan dans *Terre et liberté*, *op. cit.*

2. *La Condition anarchique* de Frédéric Lordon pourrait être un grand livre anarchiste. J'écris au conditionnel, car j'ai bien entendu son message : ce n'est pas ce qu'il *veut* dire, ce qu'il cherche à nous *faire* comprendre. C'est même l'inverse.

3. Voir G. Deleuze, *Spinoza, et le problème de l'expression*, Pari, Minuit, 1968, chap. 16, p. 234-251. Pour rappel, un rapport de pouvoirs est l'expression la plus anti-relationnelle de la puissance, au point de produire une *dichotomie* fondamentale – mais sans dualisme. La citation en épigraphe du livre était là pour éviter tout contresens à ce sujet.

132. Une dramatique confusion pour la compréhension de l'animal humain que nous sommes est de corréler l'intensité d'exister, la vitalité, l'énergie avec la potentialité de nuisance, la nocivité latente, la dangerosité. Comme si la puissance d'agir se déployait *contre* les autres, à la manière des rapports de pouvoirs.

Tout ce livre est une tentative de désamorcer le faux problème politique de la *contention de la puissance d'agir.*

133. Le concept grec de « *dunamis* » porte une triple signification qui peut-être signifiée par la ligne du temps : passé (capacité à faire du sujet), présent (ressources qui rendent possible), futur (effets exercés sur le monde)[1]. La substantialisation rive les sens liés au passé et au futur en entités : *compétence* dans un sujet et son *influence* sur le monde. Transcendance et téléologie ont façonné la *dunamis* en pouvoir (*potestas, uis*)[2].

Par contraste, la puissance (*potentia, uirtus*) file par le présent de l'évènement, *aion* plutôt que *chronos* : pur devenir au sein de milieux. Elle est une joie parce qu'elle déploie, échappe, dérive.

134. Pour ne plus confondre puissance et virilisme, prenons la question du « musculaire » chez Elsa Dorlin[3]. Ses analyses montrent l'importance immense de penser les *conditions du déploiement* de la puissance d'agir, précisément empêchée, étouffée par les rapports de pouvoirs fixés en rapports de dominations.

Ses analyses ne sont pourtant aucunement volontaristes : elles ne s'inscrivent pas du tout dans une « éthique du muscle » au sens où Graziani, en commentateur du taoïsme, montre à quel point l'occident reste figé dans son imaginaire émanatiste de la force :

1. Voir P. Lecaudé, « La notion de puissance : les équivalents latins du grec *dunamis* », *Revue de Linguistique Latine du Centre Alfred Ernout*, n° 9, 2013.

2. Le passage par le latin distinguera la conception « virile » de la *dunamis* en la fixant dans le vocable : *potestas, uis* (en latin archaïque : force offensive et brutal). En ce sens, devient centrale l'idée de capacité comme *absence d'obstacle extérieur*, absence permise par l'influence d'un statut institutionnel – on retrouve le schème de la délivrance.

3. Voir E. Dorlin, *Se défendre. Philosophie de la violence*, Paris, Zones-La Découverte, 2017.

« c'est Moi qui ai de la force » donc le « rapport de force » entre nous serait une compétition-comparaison de nos forces.

Nous lisons souvent « rapport de pouvoirs » en ayant l'imaginaire du sport compétitif : « nous verrons qui est meilleur·e en comparant deux substances – personnelles, dans le cadre des sports duels, ou collectives, dans le cadre des sports d'équipe ». Imaginaire très déterminé historiquement[1].

Le « rapport de force » serait l'affrontement de deux volontés armées corporellement : c'est une sorte d'idéalisme hors-sol – une scène abstraite et pré-sociologique, pré-psychologique, pré-tout-ce-qu'on-veut. Jamais les conditions matérielles ne ressemblent à cette convention artificielle toute faite pour invisibiliser les rapports de pouvoirs, et faire croire en la « justice » d'une partie réglée en vue d'établir que « le meilleur gagne »[2]. En réalité, il n'y a rien d'objectif dans un rapport de pouvoirs : tout y est biaisé, truqué, halluciné.

Ce fond imaginaire du concept de « rapport de pouvoirs » entendu comme « rapport de forces » au sens sportif-compétitif d'une lutte des corps produit donc une confusion conceptuelle catastrophique. C'est un véritable obstacle épistémologique.

Toute éthique qui naît de ce fond imaginatif est encore l'instauration de rapports de pouvoirs, quelles que soient les *intentions* – souvent annoncées « bonnes » par ses hérauts.

135. Penser le musculaire est une nécessité. Nous devrions cependant oublier l'imaginaire du commandement qui sature nos représentations : le musculaire entendu comme déploiement des

1. Voir les débats entre Georges Hébert et Pierre de Coubertin sur l'agonistique dans les pratiques corporelles et le risque de valorisation d'une société de la rivalité par les compétitions sportives. De fait, l'idéologie du sport est devenue hégémonique en Occident.

2. Le sport, loin d'être une confrontation brute des puissances, suppose un cadre normé par des règles temporaires et arbitraires, une forme d'extraterritorialité sociale. De ce point de vue, l'autodéfense relève clairement de l'art martial – et aucunement du sport de combat. Voir Emin Boztepe & E. Renault, *Philosophie des arts martiaux modernes*, Paris, Vrin, 2017.

puissances de nos corps, ce n'est pas *donner des ordres* à nos muscles.

Apprendre à échapper à ce qui, précisément, nous paralyse : l'une des premières techniques qu'on apprend en autodéfense, c'est la fuite. (Le virilisme nomme cela « lâcheté ».) Refuser est une puissance d'échappement qui s'exerce continûment : cela s'apprend aussi, car, si je ne sais plus courir, c'est à force d'avoir reçu des ordres.

136. « Les tyrans accomplissent leurs desseins beaucoup plus par fraude que par force. Celle-ci n'est pas si nécessaire que celle-là, dit Machiavel. »[1]

137. Les rapports de pouvoirs ne « gagnent » pas parce qu'il y a plus de « force » en face, mais parce qu'ils nous ont impuissanté·es au point de nous délier des forces qui nous traversent. Combien d'adolescent·es dans le monde pourraient tenir tête corporellement aux parents les maltraitant !

Contestons cette pseudo-généalogie : ce n'est pas une relation de puissance qui fonde les acquis d'un rapport de pouvoirs – les pères auraient été plus forts que nous, cela expliquerait qu'ils jouissent désormais de ce statut inscrit dans la figure de patriarche. C'est l'inverse : les rapports de pouvoirs brident les puissances pour tuer tout désir de les expérimenter. Un·e enfant pourrait facilement courir et échapper à ses bourreaux, mais bien souvent elle ou il n'ose pas. Si les enfants osent, on voit alors, sans fard, les institutions venir compléter les rapports de pouvoirs par leur rôle de capture des puissances d'agir – enfermement des corps dans les écoles, mise en dépendance économique vis-à-vis de l'institution familiale, mise sous tutelle en cas de fugue, etc.

138. Les rapports de pouvoirs sont immanents à la vie sociale, mais ils en sont le plus bas degré d'intensité. Seule la structure extrêmement rigide des ordres de pouvoirs permet que l'intégration

1. Ed. Sexby, *Tuer n'est pas assassiner. Bref traité sur la légitimité de tuer un tyran*, Paris, Allia, 2024, p. 26.

(co)linéarisée de ces basses intensités produise des effets matériels notables – dont souffre la grande majorité des humains.

Par exemple, les insultes sexistes ne demandent ni puissance imaginative, ni puissance vocale, ni beaucoup de temps chaque jour, pourtant leur spectre hante nos représentations conscientes et inconscientes.

4.
LES FORCES VIVES AU SERVICE DES MORTS

139. « *La logique de l'accroissement de puissance, voilà tout ce que l'on peut opposer à celle de la prise du pouvoir.* Habiter pleinement, voilà tout ce que l'on peut opposer au paradigme du gouvernement. »[1]

140. Habiter, selon la définition magnifique d'Illich, c'est « demeurer dans ses propres traces, laisser la vie quotidienne écrire les réseaux et les articulations de sa biographie dans le paysage ». Il y a un rapport essentiel au devenir, où l'achevé n'est jamais premier en termes de valeur : dans le geste d'habiter, comme dans celui de vivre, « jamais la demeure n'est achevée avant d'être occupée »[2].

141. Les adultes jettent leurs mots comme des linceuls sur les êtres. Ils et elles ne parlent du monde que pour lui imposer le silence, et faire taire à jamais ses nouvel.les habitant·es.

142. Les empotenté·es n'ont de cesse de justifier les souffrances objectives qu'ils et elles produisent et dont ils et elles vivent. Leur plus grand pouvoir imaginatif tient dans cette propension à maintenir les délires collectifs qui les servent. Par exemple, on peut penser au mythe de l'entrepreneur, rendu nécessaire lorsque la concentration inédite des richesses, au cours du XIXe siècle, fait douter du mythe du petit propriétaire agraire dont le labeur individuel serait récompensé[3].

1. Comité invisible, *À nos amis*, *op. cit.*, p. 166.
2. I. Illich, *L'Art d'habiter*. Discours prononcé en juillet 1984, à l'institut royal des architectures britanniques, Arles, Éditions du linteau, 2017.
3. Voir A. Galluzzo, *Le Mythe de l'entrepreneur*, Paris, Zones-La Découverte, 2023.

Les mythes qui servent les rapports de pouvoirs sont nécessairement anti-déterministes et anti-matérialistes : il faut faire croire que l'*emplacement* ne doit qu'à la volonté et à l'effort pour parvenir à cette place – place dont les effets d'autorité induits seraient, eux, naturels.

143. Vivre avec les relations plutôt que sous les rapports ! Par contraste, l'Archie condamne à vivre sans les autres – réduit·es à des positions dans des ordres abstraits.

Vivre sans les autres ? C'est le pacte faustien des rapports de pouvoirs : diminuer notre puissance d'agir au maximum en vue d'avoir droit au commandement, voir notre désir abîmé pour assouvir des envies. Mais que vaut un pacte extorqué dès les premiers moments de notre éducation, sans consentement ? Comment conquérir la puissance de le refuser ?

144. La puissance est une intensité. Impliquée avec d'autres intensités, elle est capable, *incidemment*, de déployer beaucoup d'énergies. Or, ces énergies fascinent les empotenté·es, qui cherchent à en jouir : les rapports de pouvoirs co-ordonnent ainsi les intensités pour en tirer des énergies. L'exploitation au travail en est le meilleur exemple.

Il importe donc de bien distinguer les intensités de la puissance et ses « coordonnées énergétiques » en fonction d'une certaine « *linéarisation* »[1].

Il peut ainsi arriver d'être dans la pleine expression de sa puissance d'agir en déployant peu d'énergie : écouter un·e ami·e, siester, boire l'eau d'une rivière. Il peut également arriver de dépenser une énergie folle pour une chose non désirée, l'effectuant alors sans intensité : passer des examens pendant toute une semaine, courir-pour-être-en-bonne-santé, s'arracher au sommeil par un réveil.

1. G. Deleuze et F. Guattari, *Qu'est-ce que la philosophie ?*, « 1. Qu'est-ce qu'un concept ? », Minuit, 1991, p. 27-28. Voir aussi la caractérisation de l'enrôlement salarial comme co-linéarisation par Frédéric Lordon dans *Capitalisme, désir et servitude*, Paris, La Fabrique, 2010.

145. Les rapports de pouvoirs rendent accessible la *jouissance* : c'est leur modalité psychique de capture des attentions. Mais la jouissance est solipsiste : elle n'est un évènement « à plusieurs » que par un parallélisme des complexions affectives isolées[1], une sorte d'harmonie préétablie des *habitus*. Il faut toute la structure conformante des rapports de pouvoirs pour nous empêcher de voir que certains dialogues ne sont que des monologues parallèles, des connivences socialement conditionnées.

Si la relation est la réalité des rencontres, les rapports de pouvoirs forment le solipsisme. « Un rapport ne se forme jamais qu'à l'intérieur d'un esprit »[2], souligne Simone Weil : en effet, il est une institution imaginaire qui conditionne une manière *fixée* de se rapporter matériellement au réel – à soi, aux autres, au monde. « Je suis une femme, donc ma place est à la maison » ; « je suis un enfant français, donc je dois me réjouir d'avoir la chance d'aller à l'école » ; « je suis un travailleur indépendant qui sait la valeur de l'effort » ; etc.

146. Le désir ne produit pas de capture. On ne peut pas être pris dans le désir de l'autre, on peut seulement être pris dans son envie.

L'envie est l'espoir de capter le désir de l'autre pour assouvir ce qu'on n'a pas la puissance de désirer.

147. Attendre, c'est prétendre. Faire (faire), c'est prétendre. Les rapports de pouvoirs font naître en nous une prétention qui trouve sa source dans la *rétention* de notre puissance.

Par exemple, toute la pensée eschatologique de gauche est enlisée dans un non-agir « *étapiste* » qui produit les envies de « grand soir », de « retraite », de « vacances », etc. Or, l'étapisme suppose le concept de *développement*, qui suppose lui-même l'obéissance à un ordre de pouvoirs donné[3].

1. L. Andréa Salomé, *Éros*, Paris, Minuit, 1984.
2. S. Weil, *Réflexions sur les causes de la liberté et de l'oppression*, Paris, Payot, 2020.
3. Voir B. Friot et F. Lordon, *En travail*, Paris, La Dispute, 2021, p. 186-193.

C’est le chemin de croix de la parvenue – les moyens étant décorrélés de la fin.

148. Dire que l’anarchisme, c’est l’ordre[1], est-ce une manière, encore soumise, de donner des gages ? Une manière de se faire bel·le en garantissant la *cosmétique* ?

Cessons de vouloir rassurer celles et ceux qui n’ont aucun désir de comprendre !

149. L’« État » porte bien son nom : rendre majuscule le fait d’être *en un état*, statique, organisé par des rapports fixés.

150. « Il va falloir travailler plus longtemps » ; « apprend ta leçon, c’est important » ; etc. Quelle humiliation d’avoir à ordonner en dépit de *tous les signes tangibles* de l’expérience sensible ! La honte bue de devoir énoncer des phrases face à des interlocuteurices qui savent intimement qu’elles sont fausses…

151. Imposer le déni aux autres pour pouvoir perdurer dans le sien : les rapports de pouvoirs sont une instrumentalisation psychique d’autrui pour continuer de fuir les vrais problèmes.

« Je te corrige pour ton bien » ; « si je te frappe, c’est parce que tu comptes pour moi » ; « je vais vous réexpliquer ».

152. Quand les empotenté·es parlent des formes de vie qui refusent le système de règles dont ils et elles ont besoin pour perdurer, ne surgissent que des concepts nourris de leurs propres normes : « déclassement », « seuil de pauvreté », « frustration », « renoncement », etc. Tout un vocabulaire inadéquat pour penser la puissance d’agir.

153. « *C’est mon choix* représente le plus bas degré de la conscience politique patriarcale, malheureusement partagée par la

1. N. Baillargeon, *L’Ordre moins le pouvoir*, Marseille, Agone, 2001. Voir aussi A. Baldacchino et Ed. Jourdain, *Le Testament du banquier anarchiste*, Montreuil, Libertalia, 2020, p. 28-29 : « L’anarchisme est la plus haute perfection de l’ordre. »

grande majorité des femmes, en l'absence de faculté (inculquée) à concevoir la nature systémique et structurelle de l'exploitation. »[1]

154. Il n'y a pas de « choix », certainement pas au sens d'un « libre arbitrage ». En revanche, il y a des positionnements (*standpoint*[2]) : terme qui traduit bien le caractère *fixé* (arrêt) et *placé* (lieu) à un moment d'un mouvement.

Le risque de volontarisme dans l'expression « choix de vie » pourrait ainsi être évité par la formule : « positionnement de vie ».

155. Il y a des domaines où il est plus facile de percevoir l'impuissance de l'intention : l'oubli, par exemple, est une forme de la puissance d'agir, qui ne saurait *se vouloir.*

156. L'intention est un concept à détruire par les deux bouts, sinon le processus de l'agir se retrouve pris en étau, entre le point de départ qui serait la libre volonté et le point d'arrivée qui est la fin enviée.

On se fout des intentions : au sens de la cause supposée libre (mobile) comme au sens de la visée (motif).

157. La perspective de puissance se moque de l'intention en termes d'analyse : seules les conséquences sont matériellement intéressantes pour penser la pertinence de l'agir.

158. L'intention, c'est le degré zéro de la preuve : « vous devez me croire »[3]. La « bonne foi » exige la foi de l'autre.

1. A. Audrey, « Graeber et Wengrow : Au commencement était… un carnaval d'idées fausses ou farfelues », *Le Partage*, 8 janvier 2022.

2. Sur le choix de traduire « *standpoint* » par « positionnement », voir Sarah Bracke et María Puig de la Bellacasa, « Le féminisme du positionnement. Héritages et perspectives contemporaines », *Cahiers du Genre*, vol. 54, n° 1, 2013, p. 48, note 3.

3. Cette imposition est intrusive, elle sert à propager les mots d'ordres. Cela n'a rien à voir avec la demande d'être crues de la part des personnes silenciées. Ce qui compte alors, ce n'est pas de croire le contenu comme tel, mais de le prendre suffisamment au sérieux pour l'écouter et enquêter dessus.

159. Rayer d'un trait de plume le passé *comme pouvoir*, c'est-à-dire comme dette : hygiène sociale, de base, que tout système de domination voudra rendre impossible, s'il veut perdurer.

160. Les rapports de pouvoirs sont à ce point intrusifs qu'ils rendent parfois matériellement impossible le refus. Ultime *hubris* des pouvoirs : « vous ne pourrez pas nous oublier ». Il faut voir les justifications de Lamartine pour créer le droit de propriété intellectuelle *par-delà la mort* des créateurs et des créatrices[1].

Cette impossibilité d'oublier, les empotenté·es doivent l'instiller constamment pour continuer de vivre de leurs *rentes*.

161. Les rapports de pouvoirs fixés sont une rente de situations : avantage donné par le seul fait d'occuper une certaine place stratégique, *historiquement donnée*. En économie, la rente de situation suppose une relative inélasticité du marché ; dans les rapports sociaux, les rapports de pouvoirs obtiennent une telle propriété par fixation des imaginaires, les ordres s'actualisant en dominations relativement stabilisées.

162. Les ordres de pouvoirs aiment les « plans » comme *théâtre d'opération* : ils ne cartographient que pour s'approprier. « L'ingénieur est celui qui procède au *projet*, c'est-à-dire à la reconnaissance avancée d'une place, en vue de préparer les dispositifs utiles à son siège, ce qui demeurera l'une des attributions de l'ingénieur militaire jusqu'au XIXe siècle. Tel est le premier sens de notre mot *projet*. »[2]

163. Les « décisions politiques *essentiellement tardives* » sont les choix opérés par un peuple dépossédé de sa puissance de problématiser, donc acculé à faire des choix enfermés dans le cadre d'un faux problème qui lui a été imposé.

1. Voir Sébastien Charbonnier, « La propriété intellectuelle, une idée radine pour gens fatigués », *lundimatin#478*, 2 juin 2025.

2. H. Vérin, *La Gloire des ingénieurs*, Paris, Albin Michel, 1993, p. 23 ; citée par J.-B. Vidalou, *Être forêts. Habiter des territoires en lutte*, Paris, Zones-La Découverte, 2017, p. 30 (j'ai actualisé l'orthographe).

Exemples : l'égalité des chances prétend résoudre le (faux) problème de l'égale possibilité de réussite sociale – qui est une contradiction conceptuelle puisqu'il ne saurait y avoir d'égale possibilité de jouir des bénéfices de l'inégalité ; la redistribution de la valeur économique capitaliste prétend résoudre le (faux) problème des excès légaux du capital – comme si la fiscalité était autre chose qu'une réaffirmation de la légitimité de ce qu'on prétend combattre.

164. Il n'y a pas de *contenu émancipateur*, puisque la croyance dans les effets d'un contenu est une idéologie des rapports de pouvoir, une obéissance envers le *savoir comme fin*, aux dépens des problèmes comme moyens. Nous diminuons donc nécessairement l'autre en lui assénant une « vérité révolutionnaire ».

165. Un contenu énoncé, par qui y croit, porte en lui une charge affective susceptible de produire l'effet performatif : « il faut me croire ». D'où l'obéissance induite : on rate la résistance chaque fois qu'on *s'identifie* à une posture de résistant·e.

C'est pourquoi les pédagogies critiques sont une activité si ardue, bien loin de l'insouciance intrusive des émancipateurs auto-proclamés – les maîtres sachants. L'*intention* n'y fait rien, insistait Deligny : c'est en recréant des milieux que les désirs mutuels renversent les ordres.

166. Combattre le feu par le feu : chercher à *parvenir* à « libérer » les autres, qu'on estime aliéné·es, par des méthodes qui leur « parlent » *directement* – donc ces mêmes méthodes rhétoriques majoritaires qui sont la cause du problème démocratique.

Pour fuir cette contradiction, le concept de *monoforme* de Peter Watkins[1] est infiniment précieux : chaque fois qu'on croit que le fond (d'un propos) seul importe, on renforce la monoforme – par facilité ou par envie d'être « efficace ». Cela vaut en pédagogie, en journalisme, en activisme, en art, etc. : enquêter ou créer *sans* les autres (forme), *pour* leur bien (fond). C'est la théorie du ruissellement,

1. Voir P. Watkins, *Media crisis*, Paris, Éditions L'échappée, 2015 ; notamment la préface de cette troisième édition française.

intrinsèque à la division hiérarchisée du travail : il serait bon que certain·es, se disant « sachant·es-altruistes », s'enrichissent de pratiques et de connaissances jusqu'à ne plus savoir qu'en faire, car cela ruissellera ensuite sur les autres, déclarées « ignorantes-dans-le-besoin », qui n'ont plus le temps d'apprendre ou d'œuvrer.

167. Un symptôme assez fiable de la parvenue est celui-ci : être coincé·e, puis croire qu'on ne peut combattre le mal qu'avec le mal, donc vouloir abattre les maîtres avec leurs outils à eux…

Par exemple, il existe la tentation d'utiliser les outils du capital (Gafam) pour propager au plus de monde possible (logique propagandiste) un discours de sachant·e (magistralité) afin de faire prendre conscience (anti-matérialisme) de *p* – « *p* » désignant un contenu théorique explicatif.

Or, croire qu'il y a émancipation parce que la proposition *p* serait juste et bonne, c'est perpétuer cette illusion pré-pédagogique d'une *priorité du fond sur la forme.*

168. L'art engagé peut sombrer dans le discours édifiant. L'antifascisme *de contenu* peut ainsi prendre la forme pulsionnelle d'un film où des hommes virils tabassent et massacrent des nazis. Dit autrement, un contenu antifasciste peut parfaitement perpétuer la fascisation de nos sociétés, en valorisant la brutalité, la masculinité toxique ou la violence symbolique.

« En réalité nous nous sommes comportés avec les fascistes de façon raciste : nous avons voulu croire hâtivement et cruellement qu'ils étaient prédestinés à être fascistes, et que face à cette décision de leur destin il n'y avait rien à faire. Et ne nous le cachons pas : il aurait suffi peut-être d'un seul mot pour que cela n'arrive pas. Mais aucun d'entre nous n'a jamais parlé avec eux. […] C'est là notre terrible justification. »[1]

Se croire dans le camp du bien : une manière d'oublier à peu de frais l'innocuité, voire la nuisance, d'une action évaluée depuis

1. P. Paolo Pasolini, interview donnée le 24 juin 1974 ; reprise dans les *Écrits corsaires*, Paris, Champs-Flammarion, 2018.

ses intentions. Pourtant, soyons sûr·es qu'une telle certitude subjective habite pareillement celles et ceux désigné·es comme « les méchant·es ».

169. Les empotenté·es veulent du « qui », de la bonne *substance* à *choisir* : pour se marier, pour l'exploiter, pour l'admirer, pour la chasser, pour l'éduquer, etc. Du prince charmant, de l'ouvrière, des stars, des juifs, des élèves, etc. : qu'on *sache* à qui s'en tenir.

170. Se débarrasser des injonctions à justifier ce qu'on fait, ce n'est rien moins que refuser le faux problème, terriblement minant, de *sa légitimité à exister* : « explique ce que tu as fait avec ces subventions », « démontre par ton pédigrée social que tu mérites telles allocations », « justifie que tu cherches vraiment un emploi », « prouve ta légitimité à avoir eu ces nouvelles responsabilités », etc.

171. Parvenir, c'est parvenir à obtenir des subventions, par exemple. Or, comme le disent certaines autrices féministes, la subvention n'est pas de l'instituant mais un institué bureaucratique (outil du maître) pour le contrôle d'état, en vue de l'ingérence. La révolution ne peut être subventionnée[1].

172. Superbe description de l'immanence : « Le monde ne nous environne pas, il nous traverse. Ce que nous habitons nous habite. Ce qui nous entoure nous constitue. Nous ne nous appartenons pas. Nous sommes toujours-déjà disséminés dans tout ce à quoi nous nous lions. (...) Percevoir un monde peuplé non de choses, mais de forces, non de sujets, mais de puissances, non de corps, mais de liens. »[2].

173. L'aporie n'est pas le sans-issue, ou l'impasse, mais l'espace ouvert qui ne donne à voir aucune trace *préalable*. Aporie : *absence de trace* – et non impasse. L'*aporia* n'est pas le chemin barré, c'est la surface de la mer qui ne conserve pas la trace des

1. Voir *Les Pires*, « Refus féministe de parvenir », dans Collectif du CIRA, *Refuser de parvenir. Idées et pratiques*, Montreuil, Nada Éditions, 2016, p. 175-186 ; Incite !, *The Revolution Will Not Be Funded*, Duke University Press, 2017.

2. Comité invisible, *À nos amis*, *op. cit.*, p. 79.

chemins – métaphore évidente pour les marins que sont les Grecs[1]. Immanence des surfaces : tout y est « de traverse », *également* possible. Promesse de joie dans la pensée : ne plus être cantonné·es, canalisé·es, dirigé·es, mais forcé·es d'inventer une errance dans l'étendue.

174. Principe vital : nous ne transmettrons jamais rien aux autres, qui devront aussi s'inventer. Or, c'est justement ce qui terrorise les ordres de pouvoirs qui ne supportent pas qu'on leur échappe et qu'on *diffère*. (L'impatience couve dans le monopole.)

175. Spinoza abandonne la conception téléologique (viser une finalité) de la tendance des choses à persévérer dans l'être, conception qui identifiait cette tendance à un principe transcendant par rapport aux choses mêmes, réduites à des *états*[2].

En effet, le concept de *conatus* part du principe d'inertie de conservation du mouvement, contre Aristote qui pensait que le mouvement était voué à s'arrêter.

Mais un contresens à propos du concept spinozien de *conatus* serait d'y entendre un sens plus proche de ce que voulait signifier Hobbes : *parvenir à se maintenir* – à une certaine place. Dans ce dernier cas, on parlerait d'une forme d'instinct de conservation, une envie inquiète d'acquérir afin d'assurer la conservation de son être et de ses biens.

Or, le *conatus* n'englobe aucune idée d'intention ou de difficulté à surmonter : sa traduction par « effort » est donc trompeuse pour le sens commun contemporain. La persévérance n'est pas une fin visée : c'est l'exercice d'une *force présente* (*vis perseverandi)*, une puissance et non un objectif de réussir ou de *pouvoir faire* – ce qu'on nous demande.

1. Voir S. Kofman, *Comment s'en sortir ?*, Paris, Galilée, 1983.

2. Contrairement à Descartes (chez qui Spinoza trouve l'inspiration depuis l'idée « physique » de l'*inertie* comme principe de conservation du mouvement), il ne s'agit pas de persévérer dans son *état*.

176. Seule compte la puissance d'agir dans l'immanence. Agir avec ce qui nous traverse : le désir n'est rien d'autre que ces forces qui nous sont propres parce qu'elles sont d'autres[1].

177. Lao Tseu raconte la *dégradation ontologique* induite par la fixation de la puissance d'agir. Il ne s'agit pas du tout de faire une ontologie, au sens occidental, à la manière d'une philosophie de l'Un transcendant – à la Plotin –, mais de décrire nos *modes d'action* classés en fonction de la fixation croissante de l'immanence – produisant une ontologisation croissante de l'activité.

Cette dégradation prend la forme d'une suite de cinq termes, allant de l'immanence pure à la fixité dernière : Tao; Vertu; Bonté; Justice; Rituel[2]. J'y vois une généalogie de l'accaparement de la puissance d'agir, jusqu'à sa métamorphose en pouvoir de faire – le « plus bas degré de la puissance », comme dit Deleuze – qu'on peut raconter ainsi : faute de suivre les énergies immanentes et de déployer sa puissance, on en vient à des pratiques intentionnelles (la vertu); faute d'accomplir ces pratiques, on les théorise et on discourt sur les valeurs (la bonté); faute de penser par soi-même ce qui est bon, on prescrit et on se fait prescrire des règles fixées dans des mots (la justice); faute de suivre par soi-même ces règles imposées, on obéit à des commandements par habitude, oubliant l'esprit qui les animait (le rituel).

On voit que l'on est parti·e d'une activité humaine libre, parce qu'inscrite dans la nécessité des relations, à une activité humaine contrainte, parce que captée par l'arbitraire des rapports de pouvoirs. Si la pratique est aux deux bouts, la médiation s'est faite par les idées en tant qu'elles sont figées dans les mots – forme morte de la *solution.*

1. C'est pourquoi il est malheureux de traduire le *conatus* par « poursuite », qui ne vaut pas mieux que « effort ». Les deux connotations amènent un risque de contresens sur le désir : il ne s'agit pas de viser un but, comme dans « poursuivre un objectif » (conception idéaliste); il ne s'agit pas non plus d'entretenir du même, comme dans « la poursuite des négociations » (conception conservatrice).

2. Lao Tseu, *Le Livre de l'immanence de la voie (Tao Te King)*, § 38.

178. Ce fragment du *Livre de l'immanence de la voie (Tao Te King)*, il est possible de le lire en filigrane du magistral premier chapitre de *Pornographie* d'Andrea Dworkin[1].

Ses descriptions des méthodes principales du pouvoir patriarcal font écho à la fixation croissante de la puissance d'agir : la transcendance, la contrainte, la terreur, la nomination, la possession.

a) « assertion métaphysique du *soi* », pour imposer l'idée d'une autorité transcendante, absolue du « soi immuable du mâle » ;

b) « utilisation de la force physique contre des personnes non autorisées à utiliser la leur », pour *contraindre* les pratiques en créant des intentions – autodiscipline ;

c) « utiliser le soi et la contrainte pour inculquer la peur, la peur *chez* toute une classe de personnes *face* à toute une classe de personnes », pour *terroriser* et imposer un ensemble fixé de valeurs crues ;

d) affirmer l'exclusivité du « pouvoir de *nommer* », pour faire un monde à la mesure des privilèges qu'on souhaite s'arroger, pour décider ce qui vaut et ne vaut pas et sceller les places (nommer = nominer)[2] ;

e) enfin, *posséder* à la fois les corps sexualisés des femmes et la confiance généralisée par le fétiche de l'argent, afin de maîtriser l'ordre des humains – parfaitement réglé par des rituels.

179. Les analyses de la genèse du Bien (Lao Tseu) et du Mâle (Dworkin) montrent des fables symétriques, pareillement aliénantes, correspondant à une fixation progressive du devenir *dans des rapports*. C'est l'institutionnalisation de la fixité : la pratique adossée à l'intention, puis les valeurs qui polarisent l'intention, puis les mots qui codent et archivent les valeurs, puis les

1. A. Dworkin, *Pornographie. Les hommes s'approprient les femmes*, Herblay, Éditions Libre, 2022 [1981].

2. Des boucles de rétro-action consolident le système des rapports de pouvoirs par renforcements réciproques. Par exemple, « le mâle préserve activement le pouvoir de nommer au moyen de la contrainte et il justifie la contrainte par le pouvoir de nommer. Le monde lui appartient parce qu'il y a tout nommé, y compris elle. »

rituels qui assurent la reproduction effective des traces discursives d'actions passées.

180. Les errances naissent des déshérences. Joie de ne pas se voir léguer des héritages.

181. La réussite suppose l'obéissance, car la réussite advient par conformité à des critères majoritairement admis et enviés.

182. Ceci peut fournir une explication pour comprendre le statut des animaux ou des enfants : le point commun est qu'on peut plus difficilement leur faire faire, on peut juste les contraindre par la brutalité. Le rapport aux animaux et aux jeunes enfants nous donne à voir la généalogie des rapports de pouvoirs comme contrôle : hurler, frapper, châtier, molester, maltraiter, etc.

183. Le processus de civilisation est un polissage de la brutalité. Les empotenté·es ont aspiré à en être délivré·es si possible. Cela tombe bien : les rapports de pouvoirs opèrent mieux par la médiation. *On fait faire le sale boulot* par celles et ceux à qui l'on peut ordonner. Cette médiation permet le confort psychique au sein de l'exercice du pouvoir : rester loin des conséquences abjectes de son application.

« Que les femmes s'occupent des enfants », « que les ouvriers aillent travailler dans les abattoirs », etc.

Les techniques (de pouvoirs) sont ici au service de la contrainte : un ensemble d'artefacts et de règles qui confèrent une capacité de nuisance objective – convoyeurs des abattoirs, objets techniques de mise à mort, emplois du temps, etc. – en même temps qu'une insouciance subjective.

184. « L'histoire montre que les dominants se sont *toujours* délestés d'un certain nombre de tâches matérielles sur les groupes qu'ils dominaient, qu'il s'agisse des femmes, des esclaves, des serfs ou des ouvriers. Ils leur font faire les tâches domestiques routinières et les travaux pénibles et, dans l'idéal, ils font faire le travail de surveillance et de répression de leurs subordonnés à

certains d'entre eux, qu'il s'agisse d'intendants, de contremaîtres ou de policiers, afin d'être délivrés également de ces tâches politiques fastidieuses et pénibles. »[1]

Il ne suffit pas de faire faire, on peut même faire faire ce faire faire à d'autres : les rapports de pouvoirs sont une chaîne de commandements au sein de laquelle on est toujours à la fois empotenté·e et empotentant·e. Le ticket d'accès à la place d'empotenté·e est la compétence de docilité : on n'obtient pas de pouvoirs sans avoir préalablement fait allégeance. L'éducation est un tel processus de *vérification-sélection.*

185. Le positionnement donnant accès au régime de pulsionnalité dans les rapports de pouvoirs rend possible un phénomène de décompensation psychique. En effet, l'obtention d'une place privilégiée dans un rapport de pouvoirs se fait par l'obéissance à l'ordre qui structure ce rapport ; or, cette expérience est émotionnellement insupportable ; mais elle est *contenue*, par la suite, grâce à l'obtention d'un statut compensatoire : l'accès à la jouissance de l'empotenté·e.

Ainsi, ne jouissent de la position masculine (patriarcat) que les garçons conformés par l'éducation genrée aux codes de la masculinité hégémonique. Dans un autre registre, on ne peut écraser les autres par son savoir (épistémocratie) qu'après être passé·e par les fourches caudines de la forme scolaire de la culture légitime.

186. Dans les services publics, le mot « hiérarchie » est souvent employé comme un substantif, avec une définition de ce genre : « la hiérarchie, ce sont les personnes qui te pressurisent pour faire bonne figure auprès de leurs tutelles – rectorats, ministères, ARS, etc. » La hiérarchie, ce ne sont pas *des* supérieur·es en soi, ce sont *tes* supérieur·es qui sont les inférieur·es d'autres. La hiérarchie est ainsi une chaîne de rapports de supériorité et d'infériorité, un système ordonné de places sacrées (*hieros*) depuis lesquelles recevoir des ordres et en donner. Bref, un monde de prêtres (*hiereus*).

1. A. Berlan, *Terre et liberté*, *op. cit.*, p. 82-83 ; voir aussi p. 134-141.

187. La ou le propriétaire lucratif ne sait souvent rien faire avec son bien : incapable, déléguant tout, ne comprenant rien à l'intelligence technique contenue dans la maison ou les outils possédés. Augmenter sa puissance d'agir en se réappropriant les relations avec son milieu suppose un tout autre rapport aux objets[1].

188. La brutalité arbitraire d'un rapport de pouvoirs produit d'abord la réaction dépolitisée par excellence : on renvoie cette brutalité, par détournement, sur plus opprimé·es que soi, et non contre ses véritables oppresseurs.

Dans une lettre bouleversante, écrite en prison, Rosa Luxembourg raconte une scène de torture de bœufs sauvages de Roumanie par des soldats allemands[2]. Alors qu'elle interpelle un soldat, celui-ci lui objecte : « personne n'a pitié de nous, les humains », avant de continuer ses macabres sévices. Les violences domestiques et éducatives sont un pareil terreau à détournements.

Si nous voulons concentrer nos forces pour abattre les causes réelles de souffrance, nous devons avoir la plus redoutable vigilance tactique face à ces détournements qui préservent les ordres de pouvoirs.

1. Voir B. Louart, *Réappropriation. Jalons pour sortir de l'impasse industrielle*, Paris, La Lenteur, 2022.

2. Rosa Luxembourg, « Lettre à Sonia Liebknecht », décembre 1917 ; reproduite dans la revue *Agone*, n° 35-36, 2006, p. 257-259.

5.
AGIR AU SEIN D'UN MILIEU, TRAVERSÉ·ES PAR LES FORCES

189. « Le but ultime de la lutte, c'est la joie », dit-on parfois. Non : on ne lutte pas *pour* devenir joyeux : on lutte parce qu'on le devient.

190. Toute joie, comme déploiement de la puissance d'agir, est une catastrophe pour les rapports de pouvoirs.

191. La puissance forme la patience parce qu'elle refuse d'attendre. L'action peut être longue, elle n'en est pas moins présente.

192. La patience est l'attention nécessitée par le déroulement désiré d'une action libre. L'envie ne connaît pas la patience, qui est aussitôt la souffrance de l'attente – à cause de l'obéissance.

Exemple : l'attente du prince charmant. Au sein des rapports de pouvoirs, la patience devient une souffrance[1] parce que le désir ne circule plus. L'empotentement fait de l'ennui une passion triste – et non une errance, une douce lenteur, une rêverie, etc.

193. Le risque de tout « programme » : vouloir être fidèle au futur qu'on s'est antérieurement donné, plutôt qu'à l'évènement.

194. Le changement toujours existe, par nécessité des devenirs. Mais les rapports de pouvoirs cachent les mouvements du réel en faisant croire à leur pérennité : la vérité devient dogmatique par l'*effacement de sa trace d'histoire.*

1. G. Bachelard, *La Formation de l'esprit scientifique*, Paris, Vrin, 1938, p. 9.

195. L'occupant d'une place de pouvoir *sait* des choses : il sait naviguer dans l'arbitraire des ordres de pouvoirs – qu'il fait l'effort de décoder en permanence.

Plus même : pour occuper une place, il *faut savoir*, c'est-à-dire *avoir-déjà-appris*. Les ordres de pouvoirs sont passéistes par structure. D'où l'injonction à l'adaptation[1] : pouvoir sauter d'un avoir-déjà-appris à un autre avoir-déjà-appris, afin d'être opérationnel au plus vite.

196. Occuper une place de pouvoir, c'est savoir malgré la déréalisation : le savoir-pouvoir est une réalité, la réalité d'une *maîtrise de la contingence* des ordres de pouvoirs, c'est-à-dire une maîtrise rendue précisément nécessaire par une éducation qui *empêche les relations à la nécessité.*

197. Le taoïsme est immense parce qu'il exprime le lien conceptuel entre nécessité et lâcher-prise : c'est parce que je suis relié·e le plus finement au devenir du monde, à ses nécessités singulières, que je ne peux que lâcher prise.

198. On ne décide pas de lâcher prise. La chose serait contradictoire.

Plus généralement : on ne décide jamais, en réalité, pour ce qui importe vraiment.

199. L'obsession pour la question de la souveraineté est typique de la métaphysique intentionnelle de l'Occident. Ce volontarisme est vain : si le peuple pouvait *faire ce qu'il veut*, serions-nous avancé·es ?

Agir démocratiquement n'est pas un problème de *lieu de la décision* : ce sont les rapports de pouvoirs qui nous habituent à confondre l'agir de la puissance avec le fait de décider.

200. Le capitalisme n'est qu'un sous-genre moderne de l'archisme : sa variante la plus fluide, la plus télépathique, donc la

1. Voir B. Stiegler, *« Il faut s'adapter »*, Paris, Gallimard, 2019.

plus efficace pour propager le paradigme archique qui organise les droits à occuper les positions sacrées depuis lesquelles *faire faire.*

201. Il ne faut pas sous-estimer l'inertie des effets catastrophiques de la métaphore de la gravité, fondatrice du schème du gouvernement – l'*arkhè* exprimant la pente qui fait l'unilatéralité[1].

Robert Kutz ne cesse de traquer cette axiologie foireuse du « haut » et du « bas » dans laquelle aussi bien Marx que Bakounine s'enferrent par-delà leurs différends. Ce formalisme est typique d'un ordre de pouvoirs : ce n'est donc pas en le renversant, en affirmant que le « bon » vient du « bas », qu'on aura échappé au paradigme archique du commandement.

Le démocratisme formel tombe dans un tel piège, que Kurtz résume ainsi : « le peuple serait porteur d'une volonté ontologiquement bonne », c'est pour cela que, s'il décidait, ses actes politiques seraient « émancipateurs »[2].

Dès lors qu'on cherche un sujet souverain, que ce soit le Moi ou le Peuple, on s'expose à croire qu'on est sorti des supplices de la domination – vécue comme contrainte extérieure – parce qu'on y anticipe les délices d'un commandement enfin *rapatrié.*

202. La domesticité, c'est aussi cela : croire que rien n'est plus doux que d'être à la maison – *home sweet home* –, dans le foyer du commandement. Aux manettes !

203. L'ontologie archique est un ordonnancement du monde, une hiérarchie, puisque l'*arkhè* est un étalon de mesure pour le moins (l'inférieur) et le plus (supérieur). Le préfixe « hiéra- » est donc pléonastique : tout est déjà contenu dans l'idée d'*arkhé,* dont personne ne doute qu'elle soit « sacrée » et qu'il faille inéluctablement s'y *rapporter.*

1. Sur l'ontologie d'Aristote et ses métaphores verticalisantes de « la pente » dans le rapport entre substance et attributs, voir C. Malabou, *Au voleur ! Anarchisme et philosophie*, Paris, Puf, 2022, p. 86.

2. Voir R. Kutz, *L'état n'est pas le sauveur suprême*, thèses 24 et 27, Crise & critique, 2022.

Or, rien n'a plus d'autorité que la voix unique, surtout si on croit qu'elle est ce qui nous est le plus *propre*. (Libre-arbitre et démocratie formelle sont, de ce fait, les illusions les plus résistantes de l'Archie.)

204. Voilà l'abattement qui tient l'ontologisé·e occidental·e : « mais comment fait-on *pour* refuser les pouvoirs ? » Tout, dans cette question, trahit les faux problèmes dans lesquels nous sommes englué·es : vouloir bien faire.

Le refus lui-même, si essentiel pour l'expression de la puissance, ne se décide pas : on ne refuse que *poussé·es ailleurs* par d'autres puissances.

205. Dans l'imaginaire conceptuel nécessitariste, il n'y a pas de meilleure métaphore que celle de la *poussée* concernant le déploiement de la puissance, si ce n'est celle de la traversée ou du passage. Les rapports de pouvoirs, à l'inverse, nous tirent pour tirer de nous des choses. Toujours cette boucle causale absurde – le baron de Münchhausen qui se soulève en se tirant par les cheveux.

206. « L'*agir* est beaucoup plus scrupuleux, méticuleux, exigeant, que le *faire*. Allez savoir d'où vient cette exigence ? Curieusement, exiger s'origine, paraît-il, de "pousser dehors". Je dirais plutôt que voilà une poussée qui provient de dehors, si on situe l'intention – de faire – comme étant dans le dedans du bonhomme. »[1]

207. Introjection : se faire croire que le « tirer du dehors » est notre « pousser du dedans ».

208. Faire, c'est vouloir réussir.

Les rapports de pouvoirs nous conditionnent à réduire notre sens de l'action à un choix (« vouloir *x* ou *y* ») accompli (au sens victorieux de l'obtention : « j'ai réussi à faire ce que je voulais »). Le cycle « espoir / crainte » des passions prend la forme du cycle « réussite / échec » du faire.

1. F. Deligny, *Les détours de l'agir ou le moindre geste*, *op. cit.*, p. 1300.

209. Vouloir est la voie vers l'échec. En entendant cela, la pensée occidentale tombe des nues, là où la conceptualité taoïste crie à l'évidence. Qu'on comprenne bien : il y a échec, parce qu'il y a vouloir. Seul.es les empotenté·es connaissent l'échec.

210. « Le "pour rien" qui caractérise l'*agir* est contraire à la nature du *faire*, qui partant de "réaliser un être" en arrive à "se fournir en ; prendre quelque chose", ex : "faire de l'herbe pour ses vaches" (Zola). Et il est vrai que les vaches ont bon appétit, ce que nous acceptons, leur condition étant de faire du lait et du veau. »[1]

211. L'erreur et l'échec sont des descriptions du point de vue des pouvoirs. L'école nous apprend qu'il y a des « erreurs », qu'elle nommait jadis, plus explicitement, des « fautes ». Les « échecs » sont le lot des compétitions : scolaires, sportives, bureaucratiques, managériales, etc.

Parvenir, c'est échouer : c'est être échouable à chaque instant et s'épuiser dans une lutte incessante contre les risques d'échecs. Or, qu'est-ce qu'une vie vouée à exorciser l'échec ?

212. La puissance d'agir saisit les *apparaître* dans un milieu : gestes, visages, mobilités, évènements. Les fixations des rapports de pouvoirs produisent un environnement dans lequel on joue à faire semblant pour *paraître tel* : postures, masques, rôles, identités.

213. Les empotenté·es comme les empotentant·es ont des manières intentionnelles. La grâce de la puissance d'agir, sa douceur comme sa force renversante, a beaucoup plus à voir avec des « manières accidentelles »[2] : « faire varier la cartographie des relations entre les êtres et les éléments dès l'origine, ouvrant un registre de possibles différents, capable de se déployer dans le temps en informant l'expérience du présent. ».

1. *Ibid.*

2. N. Martin, *À l'est des rêves. Réponses Even aux crises systémiques*, Paris, Les Empêcheurs de penser en rond, 2022, p. 110.

214. La révolution n'est pas un programme d'action (« que faire ? »), c'est une écoute attentive. Le patriarcat ne peut pas le comprendre : c'est trop différent de sa conceptualité de la maîtrise et du gouvernement.

215. Joie de la nécessité : « Toute espèce de vertu a sa source dans la rencontre qui heurte la pensée humaine à une matière sans indulgence et sans perfidie. »[1].

216. La force provient du milieu. D'abord dans le sens où la relation précède les pôles qu'elle constitue – et non pas « qui la constitue ». Par ailleurs, le désir est la manière d'être traversé·e par les forces du milieu au sein duquel on vit, et de composer avec les forces en présence.

L'effort, par contraste, est une manière de se mettre en activité malgré les forces présentes. Il est donc capitalistique par nature : il suppose une accumulation antérieure pour disposer d'une réserve de forces (non contextuelles) afin de pallier l'absence actuelle de forces idoines.

217. Puissance : déploiement d'une énergie qui nous traverse.

Pouvoir : jouir d'une énergie venue d'ailleurs, mais rendue disponible par l'accumulation. Cette dernière peut être géologique : les énergies fossiles ; artificielle : stocker des grains ; économique : l'héritage patrimonial ; animale : domestication des autres qu'humains ou des humains ; existentielle : le soi passé ; etc.

218. L'un des plus beaux textes de Dewey sur le désir d'apprendre est une critique absolue de l'effort. Il appelle « effort » le fait de solliciter une force extrinsèque – *ex-force* – à la situation : grâce à des procédés qui sont « absolument immoraux », dit-il : la peur de la punition, l'espoir d'une récompense, etc.[2].

L'effort devient ainsi l'attitude cardinale d'une forme de vie épuisante : il s'agit de convoquer en nous des forces *extérieures et*

1. S. Weil, « Tableau théorique d'une société libre », *Réflexions sur les causes de la liberté et de l'oppression sociale*, Paris, Folio-Gallimard, 2004, p. 90.

2. J. Dewey, *L'École et l'enfant*, Paris, Éditions Fabert, 2004 (1907), p. 44-45.

factices afin de parvenir à un but étranger à notre désir. Ce processus de prise de contrôle de l'imaginaire est ce qu'Aflie Kohn appellera « l'introjection des motivations extrinsèques » : on apprend petit à petit à obéir en se donnant des motifs d'action qui n'ont rien à voir avec les propriétés objectives de l'action.

Déliant complètement les moyens des fins qu'ils produisent objectivement, on crée un circuit d'action arbitraire : « j'évite de me tâcher en jouant au parc pour être aimé·e de mes parents », « j'apprends les mathématiques pour faire un métier lucratif », « je laisse pousser mes cheveux pour maximiser mes chances d'un rapport sexuel », etc.

Les rapports de pouvoirs *en tant qu'ils sont fixés* forment alors une structure imaginaire consensuelle qui fait la stabilité de ces rapports en assurant que les moyens exigés se *rapportent* bien aux fins enviées, malgré l'arbitraire totale de cette *corrélation sans causalité.*

219. Parvenir à une place, puis parvenir à tenir cette place : voilà le fardeau des parts d'empotenté·es en nous – faites d'effort, de fatigue et d'épuisement. (Sisyphe.)

220. Quand une lutte remet du jeu dans cette fixité, déplace les codes jusque-là acceptés, les empotenté·es deviennent méchant·es, car ils et elles ont l'impression de s'être fait avoir.

D'où les sempiternelles réactions des ancien·nes visant à dénier la différence et à blâmer les nouvelles manières de relationner. Cela signifie simplement : « de notre temps, on a joué le jeu sans contester les règles : pourquoi ne faites-vous pas pareil ? » Naïveté des fatigué·es.

221. Introjecter : singer les songes projectifs de l'autre.

222. Le refus de parvenir rend libre, au sens qu'en donne Spinoza : une libre nécessité, c'est-à-dire une grande sensibilité à son milieu, qui permet d'être relié·e au mieux avec les vivant·es proches ; une manière d'être traversé·e par les forces du dehors,

qui permet le plus de relations de composition et s'exprime par le déploiement de notre puissance (d'agir).

Être libre, c'est subsister avec notre milieu, ce n'est certainement pas en être « délivré·e ».

223. La livraison à domicile est symptomatique de l'aspiration à la délivrance. Une enquête récente sur ce rapport de pouvoirs urbain montre que les consommateurices de ces services sont conscient·es de leur inconséquence : « 61 % des personnes utilisant les plateformes d'e-commerce de façon hebdomadaire pensent que les plateformes "*n'offrent pas des conditions de travail acceptables*" ; elles sont 54 % à estimer que la livraison "*n'est pas une pratique respectueuse de l'environnement*" »[1].

Les raisons invoquées par ces empotenté·es offrent un portrait saisissant des verbes de la délivrance : « *ne pas avoir la charge* de préparer le repas » ; « *éviter* de les transporter soi-même » ; « *gagner* du temps » ; « *ne plus se soucier* des horaires d'ouverture » ; etc.

224. Renonçons à l'analyse morale concernant les privilèges. Par exemple, les 10 % des êtres humains qui prennent l'avion[2] le font pour les mêmes raisons que les propriétaires d'esclaves : un ordre du monde *leur rend cela possible*. C'est une question matérielle : il leur est plus fatigant d'y renoncer, car les rapports de pouvoirs les ont conforté·es et rendu·es impuissant·es.

Comment agir avec des personnes à qui il coûte plus, affectivement, de refuser un privilège que d'exercer leur puissance d'agir ? Voilà le vrai problème *matériel*, qui est en dehors de toute condamnation morale. À ce titre, la solution idéaliste de la « prise de conscience » témoigne d'une mécompréhension de ce que signifie *apprendre*.

1. Bureau de recherche 6t, « La pratique du e-commerce alimentaire à Paris, Londres et Genève », paru le 5 décembre 2022 en ligne : https : //www. 6-t.co/ article/la-pratique-du-e-commerce-alimentaire-a-paris-londres-et-geneve.

2. Dont 1 % est responsable de la moitié des émissions de carbone liées à l'aviation. Prendre ce moyen de transport est donc un luxe de riches.

Refuser de parvenir ne saurait découler d'un apprentissage purement intellectuel, c'est nécessairement une nouvelle manière d'habiter le monde : c'est une transformation matérielle des liens – donc du monde et des autres en même temps que de soi.

225. Contresens historique catastrophique sur la nécessité, hérité d'une pensée de donneurs d'ordres : croire que la nécessité soit ce dont il faut se *délivrer* pour être libre.

« Ce qu'on considère en général comme un formidable gain de liberté des êtres humains » est la « source de l'impuissance » : « même les principaux détracteurs du capitalisme industriel, les socialistes, n'ont pas vu dans l'essor du développement économique uniquement un facteur d'oppression, mais aussi de libération, d'affranchissement à l'égard du "règne de la *nécessité*". »[1]

226. Les rapports de pouvoirs habituent à faire, c'est-à-dire à (se) faire faire. Ils rendent enviable de faire ce qu'on ne désire pas faire. C'est exactement ce que Dewey nomme la « motivation » : un ensemble de techniques de soi pour s'exécuter malgré l'absence de forces désirantes pour agir.

227. L'habitude d'être récompensé·e pour ses actions finit par rendre enviable la misère des petits pouvoirs de compensation. C'est très proche de ce que Spinoza décrit comme des fausses joies : ces manières négatives d'avoir un simulacre de joie.

L'empotenté·e a donc beaucoup d'attachement pour les petits contre-pouvoirs qui lui sont concédés. Or, comme tout pouvoir, ces modalités finissent par isoler et entretiennent l'impuissance de celles et ceux qui s'y affairent. Les « petits gestes » écologiques dépolitisés sont de cet ordre : « piégé·es dans des formes d'actions inoffensives », voilà le contre-pouvoir réduit à sa vérité nue : un « affairement apolitique », un « cumul de micro-actes solitaires »[2].

1. Bien qu'écrit depuis des sources philosophiques différentes, je me retrouve entièrement dans le diagnostic d'Aurélien Berlan, dans *Terre et liberté*, *op. cit.*, chap. 2, p. 69-141.

2. G. Chamayou, *La Société ingouvernable*, Paris, La Fabrique, 2018, p. 250.

228. Les rapports de pouvoirs nous imposent des croyances qui finissent nécessairement par faire « douter de nos propres sensations, de nos propres expériences, de notre propre existence »[1].

229. Commentant le geste de Thoreau, Geneviève Pruvost écrit : « La nécessité socratique de se connaître avant tout soi-même est une injonction qui n'a rien de spéculatif, mais s'éprouve avant tout dans la matérialité. »[2]. De fait, le concept de puissance renvoie aussitôt à la question de la base *matérielle* : en matière de subsistance, en matière de relations concrètes, en matière d'énergies effectivement disponibles, en matière de causes agissant dans un milieu, en matière de ressources présentes, en matière de désirs nous traversant.

230. On ne peut pas déployer de puissance sans d'abord observer et décrire le *réel*, ici et maintenant, c'est-à-dire l'*ensemble des forces en présence.*

« L'espace-temps de la forme-Commune s'ancre dans l'art et l'organisation de la vie quotidienne et dans une prise en charge collective et individuelle des moyens de subsistance. Il suppose donc une intervention éminemment pragmatique dans l'ici et maintenant et un engagement à travailler avec les ingrédients du moment présent. »[3]

231. Former notre puissance perceptive et affective pour goûter la valeur intrinsèque de l'expérience. L'immanence est toute entière résumée dans cette confiance en l'exactitude et la rigueur d'une expérience attentive. Et comme disent Deleuze et Guattari : « n'importe quoi peut faire l'affaire » !

Mais, précisent-ils aussitôt, « l'affaire se révèle politique : devenir-minoritaire est une affaire politique, et fait appel à tout un travail de puissance, à une micropolitique active. C'est le contraire

1. E. Hache, « Reclaim ecofeminism ! », dans *Reclaim. Recueil de textes écoféministes*, Paris, Cambourakis, 2016, p. 25.

2. G. Pruvost, *Quotidien politique*, Paris, La Découverte, 2021, p. 211.

3. K. Ross, *La Forme-Commune. La Lutte comme manière d'habiter*, Paris, La Fabrique, 2023.

de la macro-politique, et même de l'Histoire, où il s'agit plutôt de savoir comment l'on va conquérir une majorité »[1].

232. « Déterminations matérielles ». L'expression est un pléonasme, en fait, car penser rationnellement les causes – et leurs effets objectifs –, c'est toujours plonger dans la matérialité.

233. Le matérialisme rend méfiant vis-à-vis de la tactique de la « prise de conscience » : dualiste, donc volontariste, idéaliste et individualiste. Il faut aussi réaliser tout ce qui est emprunté au religieux : conversion du regard, dévoilement, révélation. Or, on ne transformera jamais des formes de vie instituées en espérant des révélations en série.

Tant qu'on n'aura pas reconnu que les oppressions sont produites par une certaine logique des rapports de pouvoirs, très cohérente, et que réciproquement les oppressions de tout genre (racistes, sexistes, etc.), produisent un tel *système matériel*, nous demeurerons impuissant·es face aux oppressions.

234. Geneviève Fraisse rappelle le déplacement du problème politique de la liberté, opéré avec Jacques Rancière : « Il s'agissait de privilégier l'analyse de l'émancipation en critiquant explicitement la tendance (toujours actuelle) de penser avant tout la domination. On doutait que la conscience de la domination puisse entraîner mécaniquement une pratique subversive ; comme si le dévoilement des processus d'oppression permettait de s'en débarrasser. »[2].

235. Devenir « sans place », ou l'utopie littérale – donc réelle.

Les rapports de pouvoirs sont un arpentage des espaces : découpage du réel en autant de places *exclusives* les unes par rapport aux autres. Naissance des trois pans de la propriété : si j'y suis, tu ne peux y être, donc tu ne peux rien faire (empêcher d'utiliser) ; quand j'y suis, j'y fais ce que je veux, même détruire (abuser) ; tout est pour moi, même si je t'ai « laissé » y œuvrer (possession des

1. G. Deleuze et F. Guattari, *Mille plateaux*, *op. cit.*, chap. 10, p. 357.
2. G. Fraisse, « Emancipation *versus* domination. Lecture de Jacques Rancière », dans *La Sexuation du monde*, Paris, Presses de SciencesPo, 2016, p. 49.

fruits). Cela revient à hisser au rang de métaphysique générale le rapport propriétaire au monde : chasser, abuser, exploiter.

L'utopie, à la lettre, ne peut pas être une contre-proposition alternative, un autre arpentage du réel, qui ne serait qu'un contre-pouvoir. Il s'agit d'abandonner les placements. U-topie : fuir les *topoï*, les places, refuser d'arpenter le réel, c'est-à-dire de le *fixer* par des textes[1].

236. Retrouver de la puissance d'agir suppose de trouver un milieu depuis lequel résister. À propos des luttes autochtones, Winona LaDuke écrit ainsi : « la différence entre les blanc·hes et les Indien·nes, c'est que les Indien·nes savent qu'elles et ils sont opprimé·es mais ne se sentent pas impuissant·es. Les blanc·hes ne se sentent pas opprimé·es, mais impuissant·es »[2].

237. Des terribles présupposés qui ont accompagné la Révolution Scientifique – les ordres de pouvoirs mettent toujours des majuscules à leurs tournants historiques : la Renaissance, l'Homme, les Lumières, etc. –, le plus adéquat à la diffusion des ordres de pouvoirs est le présupposé d'indépendance contextuelle[3] : les connaissances vraies auraient pour propriété de l'être *partout* (indépendance vis-à-vis du milieu) et *tout le temps* (indépendance vis-à-vis de l'évènement).

Il s'agit d'un abandon méthodique de la relation : une cécité apprise aux informations sensibles et singulières. Ce choix épistémologique coûteux, en termes de rigueur analytique, avait

1. Ce problème des effets de fixation induits par le langage est au cœur de la vigilance utopique. Quand on vit une utopie réelle, l'exigence intellectuelle oblige à reconnaître que le passage au texte est impossible : ce serait un contresens par rapport à ce qui est en train de se passer. Aucune utopie ne peut valoir comme *modèle* (solution), car cela consisterait à l'arracher à sa singularité problématique (cette lutte-ci comme terreau concret : *hic & nunc*), donc à la rendre inefficiente en cas de re-production (ailleurs et plus tard). C'est frappant dans la série de six documentaires intitulée *Utopie(s)*, réalisée en 2022.

2. W. LaDuke, *Talking about Revolution*, Brooklyn, South End Press, 2008, p. 76 ; citée par G. Pruvost, *Quotidien politique*, Paris, La Découverte, 2021, p. 205.

3. Voir C. Merchant, *La Mort de la nature* [1980], Marseille, Wild project, 2022, chap. 9, p. 317-342.

l'avantage de rendre bien plus fluides les mots d'ordres : procédures et routines pouvaient prétendre être reproductibles, et les individus interchangeables. Cette « rationalité » masculine s'offrait de domestiquer la « sauvagerie » autochtone, féminine, enfantine, animale, naturelle, etc.

238. Accomplir nos puissances, et non abolir leurs ordres. De cela s'ensuit ceci, mais l'inverse n'est pas vrai.

6.
LA NULLITÉ DES POUVOIRS

239. Platon disait qu'il fallait se méfier absolument de celui ou celle qui veut le pouvoir. Désubstantialisée, cette thèse revient à dire : méfions-nous de ce qui, *en nous*, veut le pouvoir, c'est-à-dire y aspire ou bien s'y est habitué.

240. « Rien ne les affecte ». Ne pas s'en plaindre *pour soi* – désespérance de vouloir encore obtenir de la reconnaissance de ses bourreaux[1] – mais entendre le sens spinoziste : la parvenue est une vie de misère affective.

241. Problème de la loyauté : attendre une reconnaissance de ses parents, même s'ils et elles sont maltraitant·es. Alice Miller montre bien comment les rapports de pouvoirs éducatifs font incorporer cette exigence de loyauté – envers les maîtres, envers les parents, etc. Cela rend affectivement impossible la critique des maîtres.

Et quand bien même on aurait réussi à les critiquer, il peut rester encore ce besoin de reconnaissance : « avouer que vous avez merdé, s'il vous plaît ». Mais s'il ne leur plaît pas ? Attendrons-nous indéfiniment, suspendu·es à leurs lèvres, ces mêmes lèvres qui nous ont déchiré l'âme ?

242. Vouloir extorquer l'aveu de culpabilité de nos bourreaux : toujours du faire faire. Rivé·e à l'impuissance par mes bourreaux, jusque dans mon envie de leur échapper.

1. C'est l'un des motifs d'écriture de *Personne ne sort les fusils*, d'après Sandra Lucbert : le scandale éthique de réaliser que le « procès France Telecom » de 2019 restait englué dans l'emprise symbolique des parasites appelés au banc des accusés.

243. Étrange oubli qui prend la forme d'une fable contraire aux souvenirs refoulés : nous imposons aux autres des rapports de pouvoirs pour légitimer, à nos propres yeux, les jougs que nous n'avons jamais pu contester. « Tu verras quand ton père va rentrer ! », peut menacer la mère patriarcale. Le joug subi est une graine dont le fruit est l'imposition du joug aux autres et à soi-même.

244. Les approbateurs des rapports de pouvoirs veulent « corriger » les « excès » ou les « dérives » – du capitalisme, par exemple.

« Il y a des excès dans l'exercice parental de l'autorité », entend-on, chez celles et ceux prêt·es à *modérer* des usages, par ailleurs jugés légitimes. « Frapper moins pour frapper plus longtemps » : tel est donc leur projet politique de statu quo.

Vérité bien connue des tortionnaires : il faut moduler les arrachements, les meurtrissures, les litres de sang perdu, les intensités sensorimotrices nerveuses, etc., pour faire durer plus longtemps la mission de torture. C'est du bon sens.

245. Les distinctions exactes opèrent dès la racine, s'épargnant la cascade de distinctions artificielles *ad hoc* induites par les faux problèmes – typiquement : parler de « différences de degré », ce non-sens conceptuel.

Ainsi, le refus de parvenir satisfait l'exigence logique du rasoir d'Ockham – principe de parcimonie qui rend assez simple sa pratique. Ce refus ne peut qu'être radical et sans concession, par nécessité de la pratique : accepterait-on d'être violé·e mais « sans excès », ou bien « dans certaines limites » ?

Les différences de degré sont l'apanage du verbiage scolastique : elles paralysent toute transformation pratique.

246. Ne demandons pas à un ordre de pouvoirs de considérer une idée l'arrachant au caractère unidimensionnel de son propre ordre, puisque ce serait l'anéantir *comme ordre*. D'où ce caractère agaçant des *mea culpa* des empotenté·es qui révèle la fixation de leur manière de penser : « polluons moins pour polluer plus longtemps, et continuons ainsi à nous développer durablement ».

247. C'est n'avoir rien compris au concept pédagogique de progressivité que de faire passer pour « réaliste » une action politique qui perpétue les causes dont nous souffrons.

On fait un mauvais procès à la radicalité : elle n'est pas un empressement ou une envie de « changement immédiat » ; elle est simplement la cessation de l'inconséquence entre les moyens et les fins. Le défaut principal des stratégies dites « progressives » (non radicales), c'est de donner l'illusion qu'elles sont une affaire de mesure (« soyons mesuré·es »), là où elle sont en réalité profondément *contre-productives.*

Le débat ne porte donc pas sur le curseur (différence de degré) mais bien sur l'analyse (différence de nature conceptuelle).

248. « La plus haute forme de vertu, la seule que je supporte encore : la ferme détermination d'être utile. »[1]

Par contraste, les rapports de pouvoirs tendent à rendre indispensable, ce qui n'a rien à voir avec le fait d'être *utile* – aux autres et à soi-même. La personne soi-disant « indispensable » ne peut l'être que si elle vous a rendu dépendant·e. De plus, que l'on ne puisse faire sans elle ne signifie pas qu'elle agisse avec nous ou qu'elle aide. Par exemple, il y a des choses qu'on ne peut faire sans la signature des parents, lorsque l'on est « mineur·e » (*i.e* minoré·e arbitrairement), cela ne signifie pas que les parents soient utiles. Bien au contraire.

L'indispensable veut conserver le monopole légitime de l'autorisation : le « mari » pour qu'une femme mariée puisse travailler, le ou la professeur·e pour qu'un élève puisse continuer une scolarité « normale » et passer dans la classe « supérieure ». Les ordres de pouvoirs élisent et sélectionnent : ils se réservent ce monopole, crucial, de l'adoubement.

249. Qui jouit d'un rapport de pouvoirs finit par se croire indispensable – et se le faire croire. Marque typique des

1. M. Yourcenar, *Mémoires d'Hadrien* [1951], Paris, Folio-Gallimard, 2019, p. 76.

empotenté·es : croire que les autres ne s'en sortirons pas seul·es – c'est-à-dire sans maîtres.

Exemples : « écoutez mes explications », « suivez mes conseils » ; « les enfants ont besoin de leurs parents » ; « les hommes protègent les femmes » ; « l'Europe apporte la civilisation sur les autres continents » ; etc.

250. Se croire indispensable : d'où l'idée, *in fine*, que sans volonté on n'arrive à rien. La croyance dans la libre volonté n'est que l'introjection de l'idée qu'il est indispensable d'avoir des maîtres – même intérieurs.

251. Le mythe de l'indispensabilité des empotenté·es provient tout simplement du monopole dont ils et elles jouissent, aucunement de l'exceptionnalité de leurs compétences.

De ce point de vue, un ordre de pouvoirs vise à constituer le monopole du légitime. Le contenu est secondaire et ne fait que spécifier des types de pouvoirs. Monopole de la violence physique légitime (pouvoir de police de l'État), monopole du vol légitime (pouvoir fiscal de l'Église ou de l'État), monopole du viol légitime (pouvoir matrimonial du devoir conjugal), monopole des dénominations légitimes (pouvoir orthographique de l'Académie française), monopole de la capacité à « donner du travail » (pouvoir économique du Capital), etc.

252. Ivan Illich a montré qu'une stratégie phare de la professionnalisation des activités du soin (se nourrir, s'éduquer, se soigner, etc.) est la monopolisation : interdire toute alternative aux institutions qui s'imposent à nous « pour notre bien ».

Monopoliser pour éviter l'épreuve du réel : faire en sorte que jamais personne ne puisse comparer ou confronter, pour n'avoir aucun compte à rendre.

253. Les rapports de pouvoirs certifient des autorités : effet de délégitimation symbolique des alternatives.

De plus, ils illégalisent les alternatives : comme surenchère si le point précédent ne suffit pas, mais, parfois aussi, comme condition pour produire l'effet d'autorité par habituation au monopole – contraint par les lois.

La puissance d'accompagner à accoucher, la puissance de produire ses propres semences, la puissance de bâtir écologiquement sur un terrain, etc. : autant de puissances empêchées, non dans l'intérêt général, mais pour que des empotenté·es n'aient pas à souffrir la comparaison – les semenciers et leur commerce lucratif, les fabricants de matériaux industriels polluants, etc.

254. Il n'y a pas d'« abus de pouvoir » puisque tout pouvoir est un abus.

255. La science peut prendre la figure de la domination, ou du moins être à son *service* – bien plus qu'à celui de l'émancipation. « Le retournement des pensées de la subversion au profit de l'ordre »[1] est un grand classique de l'ordre épistémocratique des institutions scolaires et universitaires modernes.

256. Faire faire est plus vaste qu'on ne le croit au premier abord. L'imaginaire pense spontanément à l'exploitation au travail : faire faire des activités physiologiquement pénibles. Mais, en réalité, cela s'étend à l'entièreté des activités humaines, puisque « faire » est un verbe générique.

Ainsi, l'emprise oblative du *faire dépendre* est sans doute le ressort le plus fourbe dans la logique des rapports de pouvoirs, puisque c'est le plus à même de se parer des bénéfices symboliques de l'altruisme. On aperçoit d'abord le « faire à la place », qui semble en être l'opposé (« laisse-moi faire »). Mais la prise en charge n'est jamais un don ; il se joue bien plus, en réalité :

– rapport au devoir : « je m'exécute pour toi, je me fais faire ce qu'il convient de faire » = « mon devoir accompli exige ton devoir de gratitude »

1. J. Rancière, *La Leçon d'Althusser* [1975], Paris, La Fabrique, 2012. La citation provient de l'avant-propos dans la réédition de 2012.

– incitation au conformisme : « un jour, toi aussi tu pourras faire la même chose, quand tu seras autonome » = « mon obéissance appelle à son tour la tienne »

– rapport au consentement : « comme je fais à ta place, il t'est plus difficile de refuser puisque la non-réalisation de l'action ne dépend pas de toi-même » = « on ne m'a pas demandé mon avis à ton âge, je ne te le demanderai pas non plus »

À chaque étape, on pourrait crier notre rage : « mais nous n'avons rien demandé ! »

257. Le validisme est une immense lessiveuse à faire dépendre certains individus dont on a *créé* la dépendance par des choix sociaux symboliques et matériels. De même, le pouvoir pédagogique commande de faire, mais n'hésite pas à faire-à-la-place dès que le temps presse – ce qui arrive souvent dans les institutions familiales et scolaires.

Cette propension intrusive à se croire indispensables vaut pour bien des mythes d'empotentement : faire attendre = faire dépendre le bonheur de la venue d'un prince charmant ; faire jouir = faire dépendre le plaisir du coït ; faire travailler = faire dépendre de l'emploi capitaliste pour subsister ; faire s'endetter = faire dépendre de la parcellisation cadastrale ou de la propriété lucrative pour habiter ; faire savoir = faire dépendre de la transmission scolaire pour apprendre ; etc.

258. Mettons complètement à nu l'épistémocratie par ce rapprochement : empêcher d'apprendre = faire dépendre.

Comme l'a bien analysé Renaud Hétier, le cœur du pouvoir éducatif tient dans ce rapport de pouvoirs en apparence paradoxal : *faire dépendre*[1]. Derrière cette posture oblative de la vocation se cache une sorte de *care* intrusif : une manière non pas de prendre soin, mais d'empêcher le déploiement de la puissance de l'autre par *prévenance.* La domination y est une pré-dominance : « laisse-moi faire, j'étais là avant et je sais déjà faire ». En fait, l'empotenté·e

1. R. Hétier, *La Liberté à corps perdu*, Paris, Le Pommier, 2022, chap. 1, p. 27-50.

se fait faire et se donne comme exemple à imiter pour l'autre. Dans la novlangue des rapports de pouvoirs, ça s'appelle « avoir des responsabilités », dans le langage de la puissance c'est le signe manifeste du paternalisme : *infantiliser.*

259. L'une des conclusions contre-intuitives et cruciales du travail de Grégoire Chamayou sur l'anthropologie néo-libérale est la suivante : la productivité n'est pas le fin mot du néo-libéralisme, c'est toujours l'obéissance[1]. Les rapports de pouvoirs ont leur coût énergétique propre, *non-optimal*, pour perdurer : même des organisations moins « productives » seront jugées préférables si elles permettent d'assurer l'obéissance. C'est exactement la même chose avec le rapport de pouvoirs parental : le « faire dépendre » a un coût psychique et énergétique élevé pour les parents, mais c'est le prix à payer pour tous les effets capitaux du « faire dépendre » en termes de confirmation symbolique des places hégémoniques[2].

260. Arrivée à un certain niveau d'optimisation, la domestication peut devenir « morbide », jusqu'à des décisions difficilement compréhensibles – même si on adopte les critères d'exploitation des pouvoirs.

À ce titre, la figure de la femme « chétive, inactive, dévaluée et solitaire » est une invention du XIXe siècle[3], apparemment peu intéressante du point de vue du patriarcat ; de même avec la figure contemporaine de l'enfance réduite à la passivité de situations fausses – jouets plutôt qu'outils, savoirs scolastiques abstraits plutôt que savoirs pratiques concrets, etc.

Le « faire dépendre » déborde alors sa fonction structurelle d'asservissement – empêcher la subsistance propre en faisant

1. G. Chamayou, *La Société ingouvernable*, *op. cit.* Ainsi, l'autogestion est plus productive que le management autoritaire, mais celui-ci conserve les relations d'ordres à terme, alors que celle-là risque trop de les subvertir. Le choix est alors vite fait, qui respecte la causalité : l'ordre avant le profit, puisque celui-ci n'est pas possible sans celui-là.

2. Voir S. Charbonnier, *La Fabrique de l'enfance. Anthropologie de la comédie adulte*, Paris, *lundimatin*, 2025.

3. Voir G. Pruvost, *Quotidien politique*, *op. cit.*, p. 125-130.

dépendre les individus d'un système de production-consommation pour se loger, se nourrir, etc. – pour prendre une fonction de pure *mutilation-diminution.*

On passe d'une dépendance productrice d'enrôlement énergétique – accaparer la puissance de l'autre aux fins de soi – à une dépendance productrice d'humiliation symbolique – empêcher la puissance de l'autre. Cela ne paraît avoir de sens que dans une perspective préventive : il ne suffit pas de se servir de la puissance de l'autre, il faut aussi ne pas être débordé par cette dernière. (La leçon de la dialectique hégélienne du maître et de l'esclave a été entendue.)

D'où le travail symbolique de délégitimation *par l'essentialisation*, pour *contenir* la puissance d'autrui dans le cercle confiné des tâches attendues : « ces personnes sont nulles, il ne faut rien leur confier d'autre que ce pour quoi *elles sont faites* ».

Cette spécialisation imposée forme système avec la division du travail.

261. La bureaucratie est la forme d'institutionnalisation des rapports de pouvoirs qui *explicite* l'indispensabilité des empotenté·es. C'est une stratégie originale : assumer l'indispensabilité, non par un chantage affectif implicite – mode plus subtil, courant dans le pouvoir éducatif –, mais par une imposition abstraite *affichée* – qui pastiche les nécessités naturelles : « c'est comme ça, que voulez-vous ? »

Ce formalisme abstrait impose l'arbitraire des rapports de pouvoirs par un mélange d'absurdité assumée et de boniment expertocratique. Les normes pseudo-scientifiques en sont l'outil principal. Il y a mille exemples : de la récupération des eaux de pluie au retraitement des eaux noires, des savoirs-faire paysans aux garanties accordées aux consommateurices, c'est rarement la rigueur scientifique et l'amour du vrai qui animent les décisions, mais plutôt l'utilisation des « codes » de la science aux fins d'imposer et de légitimer des rapports de production capitalistes.

262. La subvention est le *faire dépendre* bureaucratique : « vous aurez besoin de nous si vous voulez œuvrez en dehors du marché capitaliste des biens et services ». Comment combattre un ennemi dont on dépend pour subsister ?

263. La bureaucratie donne à voir pourquoi la logique du *contre-pouvoir* ne nous prémunit aucunement face aux pièges des rapports de pouvoirs.

D'un côté, des fabricants ou des vendeurs peu scrupuleux peuvent mentir aux destinataires de leurs produits, produisant sciemment de l'ignorance pour continuer à mieux nuire. À coup d'« experts » et de publications « scientifiques ». L'industrie du tabac en est l'exemple le plus violent[1]. On peut aussi aller voir du côté des savoirs-faire ancestraux de l'écoconstruction pour comprendre l'absurdité des normes contemporaines du bâtiment – prétendument conçues au nom du « développement durable ».

D'un autre côté, les consommateurices, en tant que *possesseur·es du pouvoir d'achat*, semblent légitimes à contre-attaquer avec des logiques de normes, labels et autres appellations. Mais de quoi s'agit-il ? Il faut garantir le confort d'achat d'un·e consommateurice dont les modalités d'existence ne lui font plus rencontrer ou s'intéresser aux choix et conditions de travail des producteurices. Ces dernièr·es doivent alors se plier à des logiques bureaucratiques lourdes pour *servir l'envie* des consommateurices qui veulent pouvoir « bien manger », « bien habiter », etc., sans pour autant nouer de liens.

264. Les rapports de pouvoirs sont une affaire de *garder la distance* : l'exigence d'avoir le droit de jouir sans relationner.

265. Le confort des rapports de pouvoirs entraîne une accoutumance qui déshabitue à agir. C'est l'impuissance apprise.

266. La puissance n'a que faire du confort. En revanche, elle doit pouvoir *aussi* s'exercer au repos, *aussi* se vivre dans un milieu

1. Voir R. Proctor, *Golden Holocaust*, Paris, Des Équateurs, 2014.

calme. Les temps à soi, les lieux à soi trament nos existences : en être privé·e résulte d'une politique d'oppression inouïe.

La puissance d'agir est soucieuse des déterminations adéquates, ce qui n'a rien à voir avec ce que propose le confort – qui offre plutôt un environnement servile et conditionnel, un ordonnancement conçu pour que l'impuissance des un·es soit compensée par la servitude des autres.

267. Le patriarcat est la prétention d'un *droit d'accès* sexuel aux femmes. La peur de perdre son « bon droit » a donné lieu aux pires rites sociaux : viol, inceste, prostitution, pornographie, femmes battues, achat des épouses, mutilations génitales, etc.

268. Fonction idéologique du droit : désigner, implicitement, une réalité comme enviable. « On défend votre droit à *faire ceci* » laisse entendre que c'est une bonne chose de pouvoir « *faire ceci* ».

Article 16 de la *Déclaration universelle des droits de l'homme* : « l'homme et la femme ont le droit de se marier et de fonder une famille ». Pourquoi n'y a-t-il pas un droit à l'amitié, ou bien un droit à prendre l'apéro avec ses voisin·es ? Ce type de droits servent-ils à autre chose qu'à mettre en avant certaines pratiques plutôt que d'autres ?

269. Il y a au moins deux types nuisibles d'usage du droit.

Premièrement, le droit qui assure le monopole aux empotenté·es : « droit à faire ceci » = « tu n'auras pas le droit si tu n'es pas ceci ». Par exemple, l'identitaire professionnel est un rapport tautologique au monde, typique de l'autorité performative : « il faut être médecin pour exercer la médecine »[1]. Autre exemple : Binet[2],

1. Ce qui permet d'exclure les femmes, par exemple. Voir B. Ehrenreich et D. English, *Sorcières, sages-femmes et infirmières* [1973], Paris, Cambourakis, 2016. L'exercice illégal de la médecine rend contraignante la certification instituée, qui exige une allégeance préalable à un certain système de savoir-pouvoir. Tout le système des diplômes est un tel usage du droit en vue de créer des monopoles.

2. Alfred Binet, nom prestigieux de la psychologie française de l'époque, invente le test de QI en 1905 sur demande de l'institution scolaire, pour faciliter le repérage des « débiles » et leur orientation dans les filières « adaptées ».

face aux sceptiques qui ne comprenaient pas ce qu'il entendait par « intelligence » (mot nouveau à l'époque, concept obscurantiste *de facto*) répondait que l'intelligence était ce que mesurait son test. Voilà qui a au moins le mérite de l'honnêteté.

Deuxièmement, il y a le droit qui assure des privilèges : « droit à bénéficier de ceci » = « organiser un système qui fasse faire à d'autres ceci pour que j'en jouisse ». Le statut peut devenir la fixation inaltérable d'un certain système d'occupations. Par exemple, le « droit au travail » pose le problème de l'activité dans le cadre conceptuel du marché du travail capitaliste. Face à cela, nous devons donc nous émanciper de ce récit, typique des rapports de pouvoirs, de désignation de l'*enviable*[1].

Dans ces deux usages du droit, la *revendication* de droits n'a rien à voir avec un sens de protection sociale ou d'entraide mutuelle. C'est une légitimation des pouvoirs établis.

270. Le droit ne peut jamais être créateur, car il est une *règle par le langage*. Le droit ne produit jamais rien, en termes de puissance : c'est pourquoi la loi est essentiellement liée à l'ignorance et à l'envie[2].

Conférer le droit de se baigner dans une rivière, c'est juste ne pas interdire de le faire, mais cela ne modifie rien en termes de puissance effective d'apprendre à nager, de connaissance des milieux aquatiques, de sensibilité aux risques des crues : tout ce qui fait qu'on exerce sa puissance d'habiter une rivière et de l'explorer avec son corps.

271. À quoi reconnaît-on des droits au service de la puissance ? Ils constituent une *censure des rapports de pouvoirs* : garantir collectivement le refus que des rapports de pouvoirs en viennent à institutionnaliser leurs mots d'ordre, bref à se fixer en rapports de dominations.

1. Voir M. Merteuil, « (Refus du) travail », dans E. Dorlin (coord.), *Feu !*, *op. cit.*, p. 611-617.

2. Voir S. Weil, *La Personne et le sacré*, Paris, Rivages Poche, 2017, p. 48-58.

Le droit à l'habitat léger, c'est tout simplement ne pas être empêché d'exercer sa puissance d'agir : par exemple être libre d'écoconstruire en habitant symbiotiquement un milieu.

272. La libération, comme mouvement dans l'Histoire, est une aspiration à la reconnaissance par les ordres de pouvoir : cela consiste à *se rendre visible* dans l'espace public – que ce soit par des conquêtes légales, des victoires juridiques, des évolutions de mœurs, etc. La vigilance consiste alors à ne pas perdre de vue : pour qui le fait-on ? avec qui ? pour devenir qui ? pour effectuer quoi ?

273. « L'étonnant n'est pas que les gens volent, que d'autres fassent grève, mais plutôt que les affamé·es ne volent pas toujours et que les exploité·es ne fassent pas toujours grève. »[1]. C'est le problème politique fondamental : comment peut-on respecter les ordres de pouvoirs alors qu'on souffre autant ?[2]

274. L'émancipation comme projet politique se heurte à un malentendu fréquent selon la place qu'on occupe dans l'espace des hiérarchies sociales.

D'un côté, les subalternes peuvent viser la *libération* : elles et ils se méfient des conceptualisations de nantis, dont les fantasmes de maquis ou le nomadisme conceptuel seraient un luxe permis par une reconnaissance déjà acquise, objectant en substance : « l'hégémonie culturelle ne les fait pas réellement souffrir, c'est pour ça qu'ils et elles ne comprennent pas nos aspirations à un peu de normalisation de nos existences. »

De l'autre, certain·es résistant·es déploient du *devenir-minoritaire*, cherchant à échapper au contrôle, aux identités et à

1. G. Deleuze et F. Guattari, *L'Anti-Oedipe*, Paris, Minuit, 1972, p. 36-37.

2. Comme Andrea Dworkin l'a fait à sa manière, le refus de parvenir problématise les recoupements conflictuels (*intersecting incoherency*) oppresseur·e/opprimé·e : les femmes de droite, les exploité·es de droite, les enfants de droite, etc. Voir son ouvrage *Les Femmes de droite* [1983], Montréal (Québec), les éditions du remue-ménage, 2012.

tout ce qui fait rentrer dans les ordres. Rien ne semble alors pire que de vouloir être reconnu·es par une institution, car ce serait *ipso facto* la reconnaître comme légitime, donc renforcer la cause des souffrances.

275. Le malentendu à propos du désir d'émancipation peut s'expliciter grâce à la distinction que fait Foucault entre « libération » et « pratiques de libertés », qu'on retrouve aussi chez Deleuze et Guattari lorsqu'ils reconnaissent la pertinence du devenir-majoritaire pour les opprimé·es, comme condition du devenir-minoritaire[1].

Dans les deux cas, il y a une nette préférence pour les pratiques de liberté ou le devenir-minoritaire, mais aussi une claire affirmation de la nécessité des libérations ou du devenir-majoritaire *en tant que cela permet la subsistance* – le droit comme censure des rapports de pouvoirs.

276. Il est crucial de penser les *conditions matérielles du doute* : l'inquiétude matérielle rend impossible de vivre l'étonnement comme une aventure d'idées.

Subsistance first ! Justement pour ne pas tomber dans le piège de vouloir hiérarchiser la nocivité des rapports de pouvoirs.

277. Lorsque ce n'est plus l'objet-réveil qui me dicte mes levers, porte-voix technique des injonctions capitalistes à produire, bref écho de la voix du maître, alors je peux être « levé·e » par d'autres : les oiseaux, l'aurore, la faim, etc. Ces autres sont *divers.es* : selon les milieux, selon les cycles, selon les désirs.

278. Les rapports de pouvoirs sont-ils falsificateurs ? Non, ils sont avant tout *véridictionnels* : ils revendiquent le monopole de l'autorité pour « transmettre » des vérités. Il y a « maître de vérité »

1. Voir M. Foucault, « L'éthique du souci de soi comme pratique de la liberté » [1984], dans *Dits et écrits II, 1976-1988*, Paris, Gallimard, 2001, p. 1527-1536 ; G. Deleuze et F. Guattari, *Mille plateaux*, *op. cit.*, chap. 10, p. 338.

par ce privilège d'efficacité performative : voir ses dits entendus comme des espèces d'oracle.[1]

Cela étant dit, comme les ordres dont ils ont besoin sont *contre-relationnels*, les rapports de pouvoirs sont essentiellement, bien que secondairement, falsificateurs. Non par intention, mais par conséquence objective de leur exercice.

279. Le pouvoir du signe monétaire, c'est le pouvoir de véridire la valeur économique.

280. L'argent nous a terriblement habitué·es à confondre le désir avec l'envie d'accéder à ce qui a de la valeur. Cela peut s'expliquer par la nature de la valeur économique. Chez Simmel, la satisfaction que procure une marchandise ne détermine pas sa valeur, c'est bien plutôt *la difficulté à l'obtenir* – soit la distance entre l'individu et l'objet que produit l'échange[2]. En conséquence, la valeur n'est pas autre chose que le prix : l'argent apparaît donc comme un pouvoir de réduire les distances socialement construites par les ordres de pouvoirs.

D'où les fantasmes de subversion par l'argent, que beaucoup d'empotentant·es peuvent idéaliser comme un moyen d'échapper aux ordres. C'est flagrant chez beaucoup d'élèves du secondaire : le rêve d'enrichissement vise l'obtention d'un contre-pouvoir monétaire (face aux rapports sociaux de classe, d'âge, de sexe, de race, etc.) qui ne manquera pas, malheureusement, de renforcer l'ordre capitaliste lui-même.

281. Dans une société marchande, le pouvoir le plus consensuellement envié est le pouvoir d'achat.

282. La rémunération du travail en argent est une normalisation récente du capitalisme[3] : il ne va pas de soi de concevoir l'activité

1. M. Detienne, *Les Maîtres de la vérité dans la Grèce archaïque* [1967], Paris, Le Livre de Poche, 2006.

2. Voir G. Simmel, *Philosophie de l'argent* [1900], Paris, Puf, 2014.

3. C'est « l'âge du commerce » (1680-1880), comme le nomment les chercheurs Pierre François et Claire Lemercier dans *Sociologie historique du capitalisme*, Paris, La Découverte, 2021.

humaine comme une tâche contrainte (sous l'emprise du pouvoir du capital), ensuite récompensée par un pouvoir d'achat – sans rapport objectif avec la valeur d'usage de l'activité.[1]

283. La perspective historique de subsistance est claire sur ce point : « jusque dans les années 1960, des activités de subsistance persistaient dans les banlieues des grandes villes industrielles des États-Unis. Il y avait les relations de voisinage, l'aide mutuelle. [...] La classe ouvrière n'aurait probablement pas pu survivre dans ces villes sans la présence constante de ces formes de réciprocité. Alors le gouvernement américain a mis en place un nouveau modèle économique avec l'émergence du fordisme. Les salaires ont été augmentés. Si vous compariez ce que vous pouviez acheter avec ces salaires et ce que vous pouviez faire vous-même, il y avait une énorme différence. C'est ainsi que les gens ont arrêté de fabriquer ces choses »[2].

Faire dépendre décrit aussi bien le rapport de pouvoirs éducatif que le rapport de pouvoirs consumériste.

284. Analogie. L'empotenté mâle demande ta main : tu te sens flattée. Puis il attend que cette même main récure les chiottes. « Donnant-donnant », disent ses thuriféraires.

285. La rivalité est un effet nécessaire de la parvenue. Refuser de parvenir permet donc de priver de tout carburant les luttes pour la reconnaissance ou l'attention – vouloir plaire. Cessant de chercher le regard des hommes, les femmes cessent de se juger mutuellement ou de s'envier dans une compétition dégradante – « qui plaira le plus au maître ? »

286. La symétrie au cœur de la parvenue vient de la passivité du *faire* : l'obtention d'une place de pouvoir se paie par la conformité,

1. Il arrive même souvent que les activités les plus néfastes soient les mieux rémunérées alors que les activités de subsistance, les plus fondamentales et joyeuses, ont une valeur capitaliste plutôt faible. Voir M. Mies et V. Bennholdt, *La Subsistance*, Paris, La Lenteur, 2022.

2. M. Mies, *La perspective de subsistance* – conférence enregistrée à Cologne en 2005, traduite pas les éditions La Lenteur sous ce titre, en 2022.

puis par l'attente d'une récompense espérée au nom de cet effort de conformation.

C'est pourquoi le pouvoir est une soumission : *vouloir plaire pour vouloir obtenir.* Il suffit de regarder la manière dont les élections asservissent les prétendant·es à un rôle de séduction avilissant, ou bien la manière dont une personne peut suivre les normes esthétiques pour espérer valoir sur le marché sexuel.

287. Les ordres de pouvoirs n'asservissent qu'en rendant complice : il n'existe pas d'exercice des pouvoirs sans être en même temps sous emprise. Le pouvoir d'achat en est l'expérience la plus partagée : pour un peu de pouvoir d'achat, que d'exploitation subie !

Un bref calcul amène à penser que, en moyenne (faites le vôtre, pour vérifier), 85 % de la valeur produite par une personne dite « active » en France lui est volée. À peu près 5 % relèvent du salaire personnel, que la novlangue capitaliste appelle « pouvoir d'achat » et 10 % relèvent du salaire socialisé par les cotisations. Le reste, c'est le prix à payer pour se voir concéder ce maigre petit pouvoir tant envié par tant de consommateurices.

288. La gratuité n'a pas de sens comme *attribut* : il n'y a pas de « biens gratuits » en soi, c'est une convention. La gratuité est le résultat d'un geste politique.

Que l'accès à une terre soit « gratuite » parce qu'il y a des communs ou bien parce qu'un droit civil entérine un cadastre qui est le fruit d'une spoliation coloniale, ce n'est pas la même chose.

289. L'absence de culture politique et économique produit une *envie de gratuité* qui est encore une victoire idéologique des rapports de pouvoirs – rendant « populaire » d'y *avoir accès.*

En effet, la conception dépolitisée de la *gratuité*, réduite à une conception magique, signifie le pire de l'hubris : posséder *sans rien faire* d'autre que de faire faire à d'autres. Exemples : propriété lucrative, taxes étatiques, tâches domestiques invisibilisées au sein du foyer, etc.

7.
LA DIVISION SOCIALE DU TRAVAIL

290. Apport conceptuel de la philosophie de l'éducation : aucun *contenu* ne peut être critique et émancipateur; seule la *forme* politique de la relation d'apprentissage mutuel peut produire des effets critiques d'émancipation.

Le déploiement de notre puissance d'agir est dangereux *en tant qu'il est l'expression du désir*, et non par quelque *contenu* révolutionnaire.

C'est pourquoi la démocratie radicale ne peut prescrire aucun contenu politique, elle ne connaît pas le « Bien »; elle ne connaît que du bon relativement à une situation historique et locale donnée : qu'est-ce que notre intérêt général, ici et maintenant, en fonction des problèmes singuliers que nous rencontrons? Dewey n'a cessé de le rappeler : la démocratie rend impossible la figure du « conseiller du prince » qu'endossent parfois les philosophes ou les « intellectuel·les ». Ce prince fut-il le peuple! On n'écrit pas des livres pour donner des conseils; on ne discute pas non plus ensemble pour *se donner* des conseils, qui ne sont jamais que des ordres *polis* – politesse, polissage, police.

291. Les rapports de pouvoirs font s'agiter, c'est pourquoi ils sont épuisants. Pour tout le monde.

« À quoi reconnaît-on les gens fatigués. À ce qu'ils font des choses sans arrêt. À ce qu'ils rendent impossible l'entrée en eux d'un repos, d'un silence, d'un amour. Les gens fatigués font des affaires, bâtissent des maisons, suivent une carrière. C'est pour fuir la fatigue qu'ils font toutes ces choses, et c'est en la fuyant qu'ils s'y soumettent. Le temps manque à leur temps. Ce qu'ils font de plus en plus, ils le font de moins en moins. La vie manque à leur vie. »[1]

292. Il arrive que l'activité dite « révolutionnaire » prenne la forme du pouvoir pédagogique : « nous allons vous émanciper ». La division du travail théorique et pratique, en plus d'être un contresens dans la perspective de puissance, produit une double captation : celle du pouvoir négatif de mise à l'écart d'autrui (dissuader de réfléchir, puisqu'on s'en charge) et celle du pouvoir positif de mise au travail d'autrui (sommer d'exécuter les « bonnes » idées qu'on a eues).

293. Corriger (« vous auriez dû »), ou donner des conseils (« vous devriez »)[2] sont paradigmatiques de la tendance à la contradiction théorique chez le maître : il parle avec le mode du conditionnel, mais si on creuse un petit peu, la condition c'est lui, pas nous. C'est bien à l'aune de son plan de transcendance qu'il *reconnaît* l'acte *à faire* pour les autres. C'est le grand modèle du « faites *comme* moi ».

En toute honnêteté, les empotenté·es devraient expliciter leur prémisse principale qui est : « si vous étiez moi » – souvent trompeusement exprimée par « si j'étais vous ». L'empotentement produit un grave dysfonctionnement avec l'altérité.

294. Ronsard critique les bûcherons : il leur reproche d'abîmer la forêt que le poète aime chanter. Cette manière moraliste de juger l'existence est typique de la division du travail et de l'inconséquence d'une forme de vie : Ronsard écrit sur une table en bois et utilise du papier, assis près d'une cheminée dans laquelle brûlent des bûches de bois, etc.[3].

295. Le problème de *l'épuisement* des forces progressistes doit beaucoup à la division du travail. L'école est l'institution la plus responsable de cet état de fait, dès lors qu'elle dégoûte d'apprendre :

1. C. Bobin, *Une Petite robe de fête*, Paris, Gallimard, 1991.
2. Le second n'est que la version, par anticipation, du premier.
3. Sur cet exemple, voir C. Stépanoff, *L'Animal et la mort*, Paris, La Découverte, 2021, chap. 24, p. 350-351.

on laissera les sachant·es réfléchir, puisque l'école nous a bien fait comprendre que ce n'était pas pour nous.

296. La conception moderne du vrai comme « vérité-ciel » – énoncé théorique vrai partout et tout le temps –, par opposition à la conception antique du vrai comme « vérité-foudre » – vérité pratique qu'un individu ou un collectif peut effectuer quand il y a lieu[1] – est une machine à transformer le sens d'« aimer savoir » en *privilège du savoir sur l'apprendre* : préférer la détention fixe et définitive de certitudes. De là naissent la honte de ne pas savoir et une mort lente de la curiosité, sous prétexte qu'apprendre serait réservé au temps de l'enfance. Nos puissances d'apprendre sont alors fixées par l'ordre épistémocratique qui fait du savoir un rapport de pouvoirs.

297. Les rapports de pouvoirs forment les dualismes en nous : l'esprit serait un ingénieur (entendement) et un donneur d'ordre (volonté), le corps serait un exécutant (impulsion nerveuse) et un ouvrier (force musculaire), etc.

La figure du penseur critique comme « ingénieur politique » relève toujours du savoir-pouvoir, c'est-à-dire de la croyance dans les effets bénéfiques de la détention de « solutions jugées bonnes ». Cette *épistémologie politique* implicite fait trancher ordinairement « dans le sens de l'antériorité à la fois logique et chronologique du savoir sur ses applications »[2]. Terrible méprise, prévient Canguilhem ! Pareillement, Foucault fustige la conséquence politique qui s'ensuit : cela revient à croire en les vertus de la division sociale du travail critique en tâches et temps séparés – « analyse critique » *puis* « action transformatrice ».

Or, par contraste, dans la perspective de puissance, « il n'y a pas un temps pour la critique et un temps pour la transformation, il n'y a pas ceux qui ont à faire la critique et ceux qui ont à transformer. »

1. Voir M. Foucault, *Le Pouvoir psychiatrique*, « Leçon du 23 janvier 1974 », Paris, Gallimard/Seuil, 2003, p. 235-239.

2. G. Canguilhem, « Machine et organisme », dans *La Connaissance et la vie*, Paris, Vrin, 2003, p. 101-102.

Une fois sortie de cette illusion qui nous sépare les unes les autres, « la transformation devient à la fois très urgente, très difficile et tout à fait possible ».[1]

298. Dans une axiomatique nécessitariste, la transcendance prend deux formes symétriques de pensée magique : optimisme = libre arbitre ; pessimisme = fatalisme.

La première est une fausse compréhension de la liberté : « à telle cause, n'importe quel effet » ; la seconde est une fausse compréhension du déterminisme : « à n'importe quelle cause, tel effet ». Si elle est prise dans cet alternateur infernal, la pensée révolutionnaire oscille alors entre hubris volontariste (toute puissance) et lucidité apathique (impuissance).

La devise de Gramsci devient alors piégeuse (« le pessimisme de l'intelligence et l'optimisme de la volonté »[2]), car elle risque d'entretenir l'idée d'une séparation entre la pensée critique et l'action critique – bien loin des joies de la libre nécessité.

299. L'action politique transformatrice n'est possible qu'en plongeant dans la matérialité, donc au sein des *liens de causes à conséquences.*

A contrario, l'obstacle épistémologique majeur à la compréhension de l'idée de nécessité, c'est de croire qu'agir revient à commander ou décider. Dès lors, en perdant le libre-arbitre, beaucoup croit ne plus pouvoir *rien faire.* Au sens donné à ce concept ici, c'est vrai : perdre l'illusion du libre-arbitre rend possible de sortir du régime du faire.

1. M. Foucault, « Est-il donc important de penser ? », dans *Dits et écrits II, 1976-1988*, *op. cit.*, p. 1000.

2. A. Gramsci, « Lettre à Carlo », 19 décembre 1929. Gramsci reprend cette formule à Romain Rolland. Dans le contexte de la lettre, il lui fait dire quelque chose de plus intéressant qu'un volontarisme naïf : « Je pense, en toute circonstance, à la pire hypothèse, pour mettre en branle toutes mes réserves de volonté et être capable d'abattre l'obstacle. Je ne me suis jamais fait d'illusions et n'ai jamais eu de désillusions. En particulier je me suis toujours armé d'une patience illimitée, non passive. »

Mais de là à imaginer qu'on perd « tout », en associant le déterminisme au fatalisme, c'est un contresens total. C'est même tout le contraire : l'illusion du libre-arbitre rive l'imaginaire de l'action à un monde de mots d'ordres, donc à l'impuissance (rapport magique des mots au monde) ou bien à la toute-puissance (rapport performatif des mots au monde) selon qu'on est empotentant·e ou empotenté·e.

Il n'y a d'agir que dans un milieu : habitant parmi les relations et leurs nécessités.

300. « Au début, nous pensions qu'avec des connaissances scientifiques, en les mettant à la disposition de suffisamment de monde, on arriverait à mieux appréhender une solution des problèmes qui se posent. Nous sommes revenus de cette illusion. »[1]

301. Dans *Misère de la philosophie*, Marx renvoie dos-à-dos les *faiseurs* de monde, qu'ils soient conservateurs ou progressistes.

Les sachant·es veulent parfois conserver le monde tel qu'il est, écrivant pour cela des « manuels ». Ainsi, les économistes veulent que les exploité·es restent dans la société telle qu'elle est formée et telle qu'ils et elles l'ont consignée et scellée dans leurs *manuels* remplis de pseudo-descriptions à vocation normative.

D'autres sachant·es veulent conformer le monde à leur vision : ils et elles écrivent pour cela des « utopies ». Ainsi, les socialistes veulent que les exploité·es abandonnent la société ancienne, afin que ces dernier·es entrent dans la société nouvelle qu'ils et elles leur ont préparée avec tant de prévoyance.

302. En renvoyant dos-à-dos économistes bourgeois et utopistes socialistes, Marx tente de rendre la misère *irrécupérable*, donc révolutionnaire[2]. D'un côté, les économistes assument « cyniquement » la misère comme une conséquence nécessaire

1. A. Grothendieck, *Allons-nous continuer la recherche scientifique ?*, Paris, Éditions du Sandre, 2022.

2. *Misère de la philosophie* est l'un des textes les plus anarchistes de Marx. Il est significatif qu'il soit écrit en réponse au livre de l'anarchiste Proudhon : dans ses analyses les plus ciselées, Marx est plus anarchiste que Proudhon lui-même.

du système économique ; de l'autre, les utopistes assument « philanthropiquement » la misère comme un appel à la nécessité de construire, à l'aide de la science, un autre système social qui « résoudra » le problème de la misère.

Or, ce n'est pas de « plus » de savoirs ou de théories dont nous avons besoin ; le problème n'est pas théorique, il ne sera jamais « résolu » par des discours. De tels discours tendent, au contraire, à l'occulter – théorisant la misère pour mieux lui offrir leur « solution ».

303. Se méfier des ami.es politiques qui concèdent notre utilité, avec ce zeste de condescendance : « ce que vous faites est nécessaire, mais pas suffisant »[1].

En réalité, il s'agit d'une trivialité logique. Rien, dans le monde fini et concret, ne peut être qualifié de condition suffisante – puisqu'il s'agit d'un principe déductif qui suppose une théorie vraie antérieure aux cas particuliers. Il se dit donc autre chose, moins avouable : « laissez-moi vous faire la leçon ». C'est une objection d'épistémocrate.

De fait, ce genre d'énoncé fait semblant de concéder (premier moment stratégique) le caractère expérimental, concret, imaginatif d'une aventure collective (comme on se réjouirait de l'innocence d'un enfant ou de la douceur d'une femme), pour mieux récupérer (deuxième moment stratégique) la main-mise sur l'essentiel, à savoir les principes, les finalités. Cela est typique de l'esprit de sérieux.

La suffisance dit bien la complexion affective des théoricien·nes de la condition suffisante, car il faut aimer beaucoup l'abstraction pour croire pouvoir importer une règle logique *déductive* dans le champ de l'action humaine.

304. Corollaire immédiat de l'immanence : il n'y a que des conditions nécessaires, jamais de conditions suffisantes.

1. J'aurais pu faire une très longue anthologie des récurrences de cette formule dans la bouche de théoricien·nes de gauche.

Expérimentons et nous en apprendrons un peu plus – sur le monde, sur nous-mêmes. Mais sans jamais pouvoir savoir.

305. « Il n'y a pas de force intrinsèque de l'idée vraie », répétait souvent Bourdieu. Lordon le suit : « les pouvoirs de l'analyse sont faibles – il n'y a pas de force intrinsèque des idées vraies ».[1]

Déduire cela de Spinoza est révélateur d'une position épistémocratique : croire que la vérité réside dans la *solution*, c'est-à-dire dans l'énonciation du « vrai ». C'est visiblement le cas de Bourdieu, puisqu'il poursuit : « Nous qui travaillons à produire de la vérité, qui croyons tacitement qu'il est important de diffuser la vérité »[2].

Une telle formule est désastreuse, car elle nous ramène en deçà des processus de construction de la connaissance, à savoir qu'il ne saurait y avoir de division sociale du travail de pensée critique. La vérité ne se « diffuse » pas : cette conception objectale des idées – qui serait comme des choses qu'on transmet – était déjà vilipendée par Platon[3]. La seule chose qui circule dans l'espace des énoncés-solutions, ce sont les mots d'ordres créateurs de rapports de pouvoirs.

Dans la réalité de l'apprendre, il n'y a pas d'idées *abstraites*. L'abstraction est une propriété des solutions, précisément parce qu'elles ne sont pas pensées au sein d'une relation d'apprentissage

1. P. Bourdieu et C. Passeron, *La Reproduction*, Paris, Minuit, 1972, p. 40; F. Lordon, « La gauche et l'euro », *La Pompe à phynance*, 18 juillet 2015. Je ne veux faire aucun mauvais procès à Bourdieu : il est en train d'analyser des champs, qui sont des ordres de pouvoirs ; il est donc normal qu'il fasse une opposition entre « idée vraie » versus « idée force ». Cette opposition est le coup de force de la transcendance qui nous fixe dans le régime des solutions : « solution académique » versus « opinion hégémonique ». Mais le problème de la lutte d'émancipation ne devrait pas être : « comment faire pour que les solutions académiques deviennent la nouvelle hégémonie ? ». Cela reviendrait à adopter la perspective épistémocratique.

2. P. Bourdieu, « Dévoiler et divulguer le refoulé », dans *Interventions, 1961-2001*, Marseille, Agone, 2002, p. 325.

3. Voir les moqueries de Socrate, dans *Le Banquet*, contre cette théorie épistémologique du ruissellement : « Quel bonheur ce serait, Agathon, si le savoir était chose de telle sorte que, de ce qui est plus plein, il pût couler dans ce qui est plus vide ».

entre puissances, mais diffusées par des rapports de pouvoirs pédagogiques.

Dit autrement, l'exercice de notre puissance d'agir ne peut jamais faire d'autres expériences que celles d'idées-affects concrètes. Le vrai n'existe jamais seulement « en tant que vrai » (la formule employée par Spinoza[1] est une distinction de raison et certainement pas une distinction réelle, ni même modale[2]), il advient toujours *à la fois* en tant que vrai *et* en tant qu'affect joyeux[3]. Séparer les deux est un dualisme typique de la division sociale du travail, comme si penser et agir pouvaient être des opérations prises en charge *séparément*, par des individus différents. Il ne faut pas s'étonner alors que de tel·les « professionnel·les » de la pensée ne produisent aucun effet en termes de pratiques critiques.

Dès qu'on aperçoit vraiment les conséquences du fait qu'on ne croit pas *ce qu'on veut*, les choses deviennent claires : l'intrinsécisme de la vérité d'une idée signifie que la manière dont une idée est apprise fait partie de la définition de la vérité. Le critère est bien la puissance pensante du sujet et non le contenu objectif de l'idée. Spinoza est très clair sur ce point : « si Pierre dit *x* sans savoir que *x*, alors cette pensée est fausse *en ce qui concerne celui ou celle qui la forme*, bien que *x* soit vraie »[4].

La confusion vient donc de la croyance (fausse) en l'effectivité encapacitante de la circulation de contenus « vrais », mais non formés, qui est caractéristique d'une forme de vie accaparée par

1. Voir Spinoza, *Éthique*, IV, 1.

2. D'ailleurs, l'exemple que prend Descartes, quand il reprend ces catégories classiques dans ses *Principes de la philosophie* (I, 60-62), appliqué à Spinoza, est clair : on ne saurait détacher la forme de l'idée (« en tant que vrai ») de son mouvement (« en tant qu'affect ») autrement qu'en pensée.

3. Spinoza, *Éthique*, IV, 14. Au sens réel de ce qu'est la vérité, c'est-à-dire une *pratique* de pensée par une puissance l'effectuant, il est absurde d'écrire que « la vérité est très faible, sans force » – P. Bourdieu, *Interventions, 1961-2001*, *op. cit.*, p. 325.

4. Spinoza, *Traité de la réforme de l'entendement*, § 69 – j'ai reformulé en condensé l'exemple, mais la formule soulignée est littéralement présente.

les rapports de pouvoirs pédagogiques, c'est-à-dire inscrite dans le paradigme de la transmission.

L'exigence de la pratique transformatrice est donc tout simplement celle de la production du vrai. Refuser de parvenir ne peut être qu'une pratique afin que cela garantisse *la joie, donc la force*, par l'épreuve du vrai.

306. Comment déjouer un rapport de pouvoirs sans tomber sous l'emprise d'un autre ? C'est la question la plus redoutable, *pratiquement.*

307. Les ordres de pouvoirs supposent la division du travail. La puissance d'agir, opérant au sein d'un milieu, requiert au contraire une forme de polytechnicité : la spécialisation est un non-sens en termes d'interactions vivantes avec un milieu.

On ne peut pas faire du maraîchage sans un peu de connaissance en plomberie, en travail du bois et en propriétés des métaux (si on ne veut pas juste « acheter » tous ses outils), sans parcourir les problématiques de biologie des sols, d'écologie, de climatologie, de géologie, etc.

Qu'on ait besoin d'être plusieurs pour certaines activités, cela arrive souvent : l'organisation collective est le fait d'apprendre comment agencer un geste commun. C'est l'essence du travail de *care*, nécessairement réciproque dans l'implication – donner et recevoir : des soins, de l'attention, etc. Mais cela n'a rien à voir avec la division du travail.

308. Les technologies modernes, les hautes technologies, par les échelles qu'elles impliquent, sont invariablement liées à l'institutionnalisation de pouvoirs autoritaires, hiérarchiques, inégalitaires ; bref, à la division du travail.

309. Les anarchistes qui défendirent le « refus de parvenir » étaient sensibles à cette question de la division du travail : « Ce qui est commun à Thierry et au syndicalisme d'autonomie prolétarienne, c'est d'empêcher toute spécialisation précoce : "Les enfants restent libres : ce serait tyrannie matérielle que de leur

imposer un métier, tyrannie intellectuelle que de leur imposer une doctrine." Il s'agit, en effet, pour l'enseignement, d'éduquer chez les élèves "une plénitude d'humanité" que le système éducatif bourgeois a "détruite par la spécialisation". »[1]

310. Pour le capitalisme, l'éducation polytechnique est inutile « parce que les besoins à court terme en formation technique ont toujours été des besoins en main-d'œuvre spécialisée »[2]. De plus, la polytechnicité déploie diverses puissances effrayantes pour la logique obscurantiste des rapports de pouvoirs : apprendre à échanger, maintenir, réparer, évaluer l'adéquation ou la nocivité d'un objet technique à l'aune de son cycle entier – comprenant au moins six phases : valeur d'usage, conception, construction, acheminement, usage[3], (acheminement-bis), corruption. L'éducation polytechnique est donc subversive par nature, car elle permet de résister à la marchandisation et à l'obsolescence; elle forme la puissance de refuser la technique autoritaire.

311. À propos de la question de la division sociale du travail, notamment sous la forme d'une direction (ordonner des fins) commandant une exécution (mettre en œuvre des moyens), Simone Weil souligne que « le mouvement ouvrier reproduit intégralement les vices de la société bourgeoise : toute notre civilisation est fondée sur la spécialisation, laquelle implique l'asservissement de ceux qui exécutent à ceux qui coordonnent; et sur une telle base, on ne peut qu'organiser et perfectionner l'oppression, mais non pas l'alléger. »[4]

312. Comment être d'accord avec l'expression de Durkheim : « division du travail social » ? En effet, la division est une modalité

1. Sur ce point, voir Ph. Geneste, « L'école et le refus de parvenir ou le refus de parvenir à l'école ? », *Mil neuf cent. Revue d'histoire intellectuelle*, vol. 37, n° 1, 2019, p. 89-108.

2. N. Hirtt, « Pas d'école démocratique sans instruction polytechnique ».

3. La pseudo-écologie ne parle que de la phase d'usage de la vie d'un objet technique, et même celle-ci est souvent mal appréhendée, comme lorsqu'on parle de « neutralité carbone » – ce qui ne veut rien dire.

4. S. Weil, *Réflexions sur les causes de la liberté et de l'oppression sociale*, Paris, Folio-Gallimard, 1998.

autoritaire de l'organisation sociale et non une réponse à celle-ci, donc il faut plutôt dire « division sociale du travail ».

De fait, les ramifications hiérarchisées peuvent en venir à diviser socialement les activités les plus intimes, devenues externalisées alors qu'on croyait cela impossible. Toute plateforme (Amazon, YouTube, etc.) peut ainsi prendre en charge vos goûts et vos choix de consommation, grâce à ses algorithmes qui « suggèrent ».

C'est finalement assez cohérent : à force d'impuissanter les individus, il faut que ces derniers fassent faire de plus en plus de choses. Un laxatif pour se faire chier, une série pour passer le temps : qui eut dit qu'il faille une division du travail pour *transiter* et *durer ?*

313. L'obsolescence programmée confirme notre statut d'empotenté·e *en tant que nous consommons* : nous devenons incapables de prendre soin des objets techniques parce que nous ne les comprenons pas et les remplaçons dès qu'ils n'obéissent plus. Devenu·es impuissant·es, nous avons perdu toute éthique dans notre rapport aux objets techniques, toute « délicatesse » dirait Simondon.

314. La technique n'est jamais neutre, mais toujours pleinement politique, puisqu'elle est une création humaine. Elle nous offre d'ailleurs un miroir grossissant de la première règle d'accès aux pouvoirs : *on n'y accède qu'à s'y soumettre.* De fait, les techniques autoritaires sont des machines à nous faire donner des ordres, à condition qu'on s'en remettent aveuglément à elles.

Le développement technique capitaliste, particulièrement, séduit les êtres humains parce qu'il *promet le commandement.* À ce titre, le rapport au mode d'existence des objets techniques est un exemple paradigmatique de la fixation « ordonné-ordonnant » à laquelle nous assignent les rapports de pouvoirs : on n'est jamais aussi tyrannique qu'avec les objets qui nous esclavagisent.

315. L'obsession de l'empotenté·e, c'est l'accès. L'hyper-accessibilité favorisée par les technologies contemporaines est

donc une massification de l'empotentement. Les informations, la musique et les vidéos, les lieux de vacances, la nourriture, etc.

S'habituer à accéder : socialisation qui habitue à être du côté des donneurs d'ordres.

316. La critique du travail ne peut pas être une critique de l'énergie dépensée dans l'activité[1]. La peur de la paresse est une angoisse de la bourgeoisie : c'est une terreur pour l'exploitant·e – rendez-vous compte, si les serviteur·es s'arrêtent !

317. « Je ne travaille jamais », me disait un voisin ayant fabriqué lui-même sa propre maison et toujours prêt à donner un coup de main à quiconque le lui demande. Dans sa formule, compte à ses yeux le fait qu'il n'obéisse à aucun ordre.

Sorti.es d'une telle *fixation* de notre puissance d'agir par le pouvoir du capital, ni le temps ni l'énergie ne sont un problème, bien au contraire. Chaque fois que je désire agir, peu importe les heures ou l'énergie à déployer.

318. William Morris tient fermement cette double ligne critique : d'un côté, l'éloge de l'artisanat et de l'activité manuelle n'induit aucun culte du travail et de l'effort ; de l'autre, il n'y a chez lui nul enthousiasme béat pour la machine qui ferait à notre place.

Ce qui pose problème dans le travail est la primauté de la finalité et le faire procédural que cela induit. Le problème n'est donc pas d'échapper au travail en le faisant faire par des machines – technophilie niaiseuse et inconséquente.

Le travail est un « faire faire » : peu importe la cible – moi, autrui ou la machine. Ce qui compte, ce n'est donc pas de faire faire le travail par d'autres, mais bien de cesser ce rapport de donneur d'ordres pour déléguer la « peine »[2].

1. Voir les remarques d'Aurélien Berlan sur *Le Droit à la paresse* de Paul Lafargue. Il souligne que Lafargue souscrit encore à l'imaginaire de la *skholé* comme loisir débarrassé des activités de subsistance. A. Berlan, *Terre et liberté*, *op. cit.*, chap. 3, p. 144.

2. W. Morris, « La société de l'avenir », *L'Age de l'ersatz*, Paris, L'Encyclopédie des nuisances, 1996, p. 69.

319. Il y a « peine » parce qu'il y a une conception faussée de l'*activité*, réduite au « faire » : c'est pourquoi l'empotenté·e voudra s'en *délivrer* et le faire faire par d'autres. On asservit l'autre parce qu'on croit important qu'il faille faire ce truc qu'on ne désire pas faire – on en a juste l'envie –, alors on fait tout pour s'en délivrer et le faire faire. Obtenir les fins sans en vivre les moyens : c'est le *pacte* des ordres de pouvoirs, leur promesse diabolique.

En cas d'introjection, l'envie sans le statut d'empotenté·e porte un nom : l'auto-exploitation. C'est dire à quel point la pulsionnalité fascine les imaginaires.

320. La puissance ne renonce à rien lorsqu'elle se déploie.

Corollairement, le refus est une manifestation de la puissance : c'est même la condition de son intensité, pour ne pas se laisser accaparer.

« Faire refuser », en revanche, est une contradiction dans les termes. Les rapports de pouvoirs font *renoncer* en vue de faire faire, ce n'est pas du tout pareil. En effet, le renoncement est le contrat faustien des pouvoirs : tout en négativité, il s'agit d'imposer une intention en vue de susciter l'envie : « tu devras renoncer à cela pour obtenir ceci ». C'est le système de la sanction (positive ou négative) comme marchandisation des conditions de l'action « réussie », par imposition de moyens *déliés* des fins.

321. Le refus est l'effectuation d'une *autre* puissance : ce n'est jamais une suspension ou une retenue[1]. C'est le maître autoritaire qui enjoint à « se taire », comme si un tel décret s'adressait au libre-arbitre de l'élève, dès lors accusé·e de « mauvaise volonté » en cas de désobéissance.

On ne naît pas enfant, on le devient : se retenir de parler, devenir sans voix (in-fans). Privé·es des parfaits repères de l'immersion dans les relations nécessaires, les silencié·es ont dû « se retenir » : impuissance apprise par les rapports de pouvoirs.

1. Je ne peux que suivre les réserves de Lordon vis-à-vis des idées de suspension ou de retenue, absurdes en termes d'immanence. Voir F. Lordon, *Vivre sans*, Paris, La Fabrique, 2019, p. 76-81.

APARTÉ
PRINCIPE PARTOUT, POLICE NULLE PART

322. Le refus de parvenir rend possible l'expérience de la « libre nécessité », de la joie militante, de l'usage des communs.

L'immanence et la nécessité rendent ainsi l'anarchisme cohérent conceptuellement. Lao tseu, Spinoza : compagnons indispensables.

323. Principe de l'être : en dessous (piège de la fondation de l'*ousia*). Principe du faire : plus tard (piège de l'intention du *telos*).

324. Si le principe est « quelque part », ce sera toujours ailleurs qu'*ici ou maintenant* : plus haut (idée-soleil), en dessous (substance-support), derrière (structure-forme), avant (Dieu-créateur). La philosophie a utilisé toutes les métaphores macroscopiques qu'elle pouvait pour nous détourner des forces présentes.

325. Le génie humoristique de Spinoza est d'avoir dissous les paralogismes des concepts occidentaux en leur donnant leur extension maximale. Deleuze définissait la puissance critique de l'humour, par opposition à l'ironie, comme cette manière de montrer l'absurdité d'une idée en poussant ses conséquences jusqu'au bout[1]. Or, c'est exactement ce que fait Spinoza : il emprunte le vocabulaire scolastique pour le vider totalement de ses significations hégémoniques, encore aujourd'hui largement acceptées. Il dit « substance », mais nous parle de son *unicité*, il dit « causes », mais nous raconte leur *omniprésence*.

1. Voir G. Deleuze, *Présentation de Sacher-Masoch*, Paris, Minuit, 1967, p. 71-79.

L'hyperbole conjointe de la monarchie et de l'impossibilité radicale de désobéir (aux lois qui ne sont pas les caprices des ordres de pouvoirs, c'est-à-dire les lois naturelles et non les lois humaines) ouvre ainsi la voie de la plus pure anarchie !

326. On pourrait résumer la recette du geste anarchiste de Spinoza ainsi :

a) Attribuez à la substance la plus grande extension possible – tout, dieu, la nature, appelons-ça comme on veut – et vous sortirez du substantialisme[1] ;

b) Immergez tous les « rapports » dans la nécessité et vous tuez leur fonction d'assurer des ordres, puisque vous rendez impossible la légitimation par le commencement (aucune éminence de telle cause, puisque les causes sont partout, dans tous les sens) aussi bien que l'explication par le commandement (à bas le finalisme, cet « asile de l'ignorance »).

Nous voilà au pays des merveilles : l'*arkhè* est introuvable *quelque part*, puisqu'elle devient le *contenant* du réel en même temps qu'elle le sature en *contenus*. Pour se débarrasser du principe, on n'a jamais fait plus carrollien.

327. Avec l'immanence, il n'y a plus aucune substance *éminente*, régnant sur ses attribut : pas d'émanatisme lié à la transcendance. L'idée-valise d'*arkhè-ousia* est mise hors d'état de nuire.

Du coup, la nécessité permet de régler son compte à l'idée corrélative d'*arkhè-telos* sans risque, puisque nous relier aux causes n'est désormais plus dangereux, les causes n'étant plus des principes, puisqu'elles sont l'étoffe immanente du réel. La causalité n'est plus une pente, puisqu'elle devenue partout et tout le temps *réciproque*.

La substance unique et la nécessité partout forment donc un compagnonnage conceptuel joyeux qui règle son compte à ce qui faisait le cœur de l'ontologie comme métaphysique archique.

1. Le coup de grâce est redoublé par l'usage original qu'il fait du concept d'attribut qui, non seulement ne prédique plus la substance, mais, de plus, devient en nombre infini. Autant dire que le schème de gouvernance d'une substance sur ses attributs, hérité d'Aristote, est aboli.

Par conséquent, la « condition anarchique » ne l'est, en un certain sens, que du point de vue de la transcendance, puisque cette détermination négative n'a de sens que du point de vue de l'attente d'*arkhè*. Parle d'« anarchie » une personne qui *s'attend à* du principe. Or, surprise : le roi est nu ; le plan de l'Homme a perdu ses habits archiques[1].

Mais en termes d'immanence, on n'a jamais été aussi *chargé à bloc* en principes – de toutes parts. La condition anarchique n'est pas une condition vide, un néant de valeurs, un chaos. C'est la plénitude même (le réel ne manque de rien), c'est l'orientation perpétuellement joyeuse (chaque évènement contient sa polarité normative fiable pour s'orienter dans l'existence), c'est la consistance métastable des bonnes rencontres (les milieux sont parfaitement habitables).

La condition anarchique n'est donc pas une mauvaise nouvelle, ni une perte de boussole. Il n'y a pas « privation » d'Archie, ou manque cruel : l'absence d'Archie est la meilleure nouvelle qui soit.

328. En immanence, il n'y a que de l'égalité[2] : aucune éminence pour rien. Concernant la causalité, pas non plus de « cause éloignée » : *le proximal est notre milieu.* De la cause à l'effet, il n'y a donc jamais dégradation.

Tirer les conséquences de cette métaphysique exacte est une affaire de pratique : comment passer une vie à éprouver les formes de vie qui l'expriment joyeusement ?

329. Lao Tseu et Spinoza proposent un panarchisme – du grec *pan* qui signifie tout, partout, et non « le tout » (*holon).* Chaque évènement devient principe, c'est-à-dire ce à quoi se fier pour vivre et œuvrer. L'expérience n'est pas évaluable depuis des arrière-mondes. Il n'y a plus de n+1 auquel se rapporter pour savoir qu'en penser ou quoi décider.

1. Sur le plan transcendant de l'Homme, voir Sébastien Charbonnier, « En finir avec l'Homme, recréer autrui », *lundi matin* #437, 16 juillet 2024.

2. L'un des plus grand commentaire sur l'immanence (et son sens politique) est celui que fait Deleuze à propos de Spinoza dans le chapitre XI de *Spinoza et le problème de l'expression*, Paris, Minuit, 1968.

D'où ce cri métaphysique de Lao Tseu et Spinoza : « Principe partout, police nulle part ». Joie pure de l'immanence.

Les Archismes, au contraire, proposent des arrière-mondes auxquels *rapporter* le réel, c'est-à-dire à partir desquels réduire le réel à quelques traits jugés éminents. Il faudra alors une police pour forcer les individus à se rapporter à ces fictions.

330. Le monde est pure mouvance. Une pensée de l'immanence n'a aucun problème avec cela, puisqu'elle ne rapporte pas le réel « à » autre chose que ce qu'il est. En revanche, toute métaphysique archique ne peut être qu'une philosophie du « point fixe »[1], puisqu'on ne saurait faire proliférer les concepts à la mesure du réel – par fatigue, liée sans doute à la nuisance des rapports de pouvoirs dans lesquels nous avons été capté.es. Il fallait alors choisir, élire. C'est pourquoi toute théorie de la transcendance massacre le réel : par simple inadéquation entre le pur devenir indéfini du réel et la nécessaire finitude d'un discours humain.

331. L'ontologie se traduit, dans l'opinion commune, par cette propriété attribuée au Monde : « le réel, c'est ce qui me résiste ». L'envie, comme *rapport* au Monde, nous fait prononcer un tel verdict.

Dans la réalité, lorsque j'escalade, la paroi ne me « résiste » pas, elle me pousse d'une force égale à la gravité. Et si je finis par tomber, ce n'est pas le réel qui résiste, c'est juste la gravité qui pousse plus fort que ce dont mes muscles et mes équilibres sont capables. Si mon intention était d'aller en haut, je peux être déçu·e, mais ce n'est pas une « résistance » du réel.

À tort, l'ontologie nous fait croire en l'« existence » de « choses » comme en autant d'« obstacles »[2] – dont autrui sera le plus craint, puisque perçu comme l'*obstacle libre de nous résister*[3].

1. Voir M. Serres, *Le Système de Leibniz* [1968], Paris, Puf, 2002, 3e partie, p. 647-810.

2. C'est d'ailleurs le sens de « ob-jet » : ce qui est jeté devant nous comme un obstacle.

3. Je ne reviens pas sur cette conception projective et paranoïaque d'autrui, causée par le concept de libre-arbitre.

8.
L'OBSESSION DES ORDRES : MONTRER DU DOIGT

332. « Les routes qui ne promettent pas le pays de leur destination sont les routes aimées. »[1]

333. Faux dualisme : l'individu et le collectif. C'est la pensée substantialiste : d'un côté, le « moi » de l'individu, de l'autre, le « peuple » comme entité agissante : toujours des abstractions.

Les rapports de pouvoirs prennent en charge les deux à la fois : morale à l'échelle individuelle, police à l'échelle collective.

334. Les rapports de pouvoirs ne s'appréhendent pas par des phénotypes. Le délit de faciès est l'ami de l'essentialisme : « je reconnais une femme, donc… », « c'est une vieille personne ridée, donc… », etc. Cette sorte de sociologisme phrénologique prend les catégories d'analyse pour des armes déductives applicables à des traits individuels. La mesquinerie de telles attaques *ad hominem* perpétue les divisions tactiques par une morale du ressentiment.

335. Politiser, c'est sans cesse réaffirmer que l'intime est déjà politique : le corps, l'espace domestique, le sexe, etc. Éthiciser, c'est sans cesse réaffirmer que la politique n'existe concrètement qu'entre des êtres sociaux relationnant quotidiennement.

336. Ni les femmes, ni les Noir·es, ni les jeunes ne constituent des groupes unitaires, certes, mais c'est en revanche le cas des mâles adultes blancs eurocentrés (etc.) qui forment une sorte de « dominant intégral » *cohérent*. Cette cohérence est suspecte : il peut être utile d'en faire l'archéologie.

1. René Char, « Encart », *Le Nu perdu*, dans *Œuvres complètes*, « Bibliothèque de la Pléiade », Paris, Gallimard, p. 466.

Par contraste, les recoupements conflictuels sont notre lot commun ; or, ils induisent souvent la tentation d'abuser d'un contre-pouvoir en tant que « privilégié·e » pour oublier, dénier, venger, compenser un autre rapport de pouvoir oppressant. Cette solution individualiste et dépolitisé·e ne peut que renforcer les structures inégalitaires, puisque cela revient à les convoquer pour tenter de résoudre une souffrance sociale.

337. « Les minorités et les majorités ne se distinguent pas par le nombre. Une minorité peut être plus nombreuse qu'une majorité. Ce qui définit la majorité, c'est un modèle auquel il faut être conforme : par exemple l'Européen moyen adulte mâle habitant des villes... Tandis qu'une minorité n'a pas de modèle, c'est un devenir, un processus. On peut dire que la majorité, ce n'est personne. »[1]

338. Nancy Hartsock reconnaît le problème des recoupements[2] conflictuels *en soi-même* (occupation de places opposées selon les ordres), mais dit que cela n'empêche pas le geste critique qui est de « penser ce partage du monde construit autour d'un sujet omnipotent et reléguant à la marge des "autres" définis en tant que principes négatifs »[3]. (La femme *n*'est *pas* un Homme, ou l'enfant *n*'est *pas* un Adulte, signifie : la femme est un Homme moindre, ou l'enfant est un Adulte moindre)

On pourrait dire que l'Homme ne consiste en rien : il est uniquement un personnage conceptuel, le personnage conceptuel de l'image dogmatique de la pensée, le grand Raisonnateur qui rive toute altérité repérée au stigmate de l'*être-moindre.*

1. G. Deleuze, « Le devenir révolutionnaire et les créations politiques », *Futur antérieur*, n° 1, 1990, p. 100-108 ; repris sous le titre « Contrôle et devenir » dans *Pourparlers (1972-1990)*, Paris, Minuit, 2002.

2. Il s'agit d'une traduction possible du concept d'*intersectionalities*, plus souvent traduit par *intersectionnalités.*

3. N. Hartsock, « Rethinking Modernism : Minority vs. Majority Theories », *Cultural Critique*, n° 7, 1987 ; citée par A. Flores Espínola, « Subjectivité et connaissance : réflexions sur les épistémologies du "point de vue" », *Cahiers du Genre*, vol. 53, n° 2, 2012.

Deleuze et Guattari exprimaient la même stratégie, qui consiste à déceler les principes négatifs à partir desquels sont *rapportées* les puissances, fixées par un plan transcendant qui les infériorise en les identifiant à des manques. Par exemple, si l'adulte se croit « maître », c'est parce qu'il ou elle postule l'enfant comme « moindre sujet », sur un mode téléologique du « pas encore » ; si le mâle se croit supérieur, c'est parce qu'il postule la femme comme sujet monstrueux[1], sur un mode ontologique de la « matière-à-informer » ; etc.

De là vient la *capture* originelle de l'immanence, mise sous tutelle du personnage conceptuel de l'Homme. Chaque fois que l'on se rapporte à ce « modèle » de l'Homme, on tombe dans le piège d'une comparaison d'emblée dévalorisante : il y aura toujours des attributs, en nous, qui nous mettrons en flagrant délit d'exister *illégitimement* – en tant que femme, même adulte ; en tant qu'enfant, même mâle, etc. Jeu sordide et sadique dans lequel on ne peut que perdre dès lors qu'on en accepte les règles.

L'immanence ne peut donc se *rapporter* à rien : chaque fois qu'on interprète une vie comme se rapportant « à » quelque chose, on passe à côté de ce qui en fait la positivité et la singularité, bref sa beauté.

Ainsi, les rapports de pouvoir n'existent que parce que nous pensons dans les coordonnées de ce plan transcendant *de* l'Homme. Nos existences sont vécues, évaluées, perçues comme des attributs de l'Homme : il n'est donc pas étonnant que les conséquences politiques prennent la forme d'existences *mises au service* des Hommes.

339. La puissance de Spinoza est d'avoir affirmé que l'immanence n'est qu'à soi-même. Il n'a fait aucun compromis avec la transcendance, l'ayant pourchassée partout.

L'immanence ne se *rapporte* à rien.

1. Aristote, *Génération des animaux*, II, 1, § 4 puis IV, 3, § 2 et § 28. Ce serait risible si ça n'avait pas entraîné les effets que l'on sait.

340. Le plan transcendant des *rapports* au Monde est parcouru par le personnage conceptuel de l'Homme, sorte d'arlequin sinistre habillé des étoffes de l'Universel.

Les Étoffes de l'Homme forment son Habit de Maître, qui n'existe que pour masquer sa nudité réelle et pour salir les puissances de l'*autre.*

Derechef, on peut amorcer une liste non exhaustive de rapports de pouvoirs au service d'ordres : Mâle (*femelle*), Adulte (*enfant*), Blanc (*noir*), Sachant (*ignorant*), Raisonnable (*fou*), Chrétien (*fanatique*), Sain (*malade*), Hétéro (*inverti*), Civilisé (*barbare*), Riche (*pauvre*), Travailleur (*paresseux*), Beau (*laid*), Valide (*handicapé*), Citadin (*paysan*), etc.

En substance : Moi (*autrui*). La secondarisation d'autrui est une grande erreur de conceptualisation : croire que l'autre est une « donnée » qui me fait « face » est typique de la transcendance – *alter ego.* La relation raconte toute autre chose sur ce que je suis, ce qu'est autrui et ce que nous sommes.

341. L'ontologie d'Aristote, pour citer la plus représentative sans doute, est saturée du schème abstrait, binaire et hiérarchique de l'Homme : « Forme (*matière*) » résumerait toute la liste précédente.

Le projet ontologique des rapports de pouvoir est d'*informer* la matière que nous serions. Cela explique, derechef, leur caractère essentiellement intrusif et le délire des parasites de se croire indispensables : « sans nous : le chaos et l'informe ! »

342. On n'exerce pas le pouvoir, à proprement parler. L'expression est trompeuse. Il faudrait plutôt dire : on *fait fonctionner* des rapports de pouvoirs pour les entretenir dans leur fixité, et en retirer les bénéfices qu'ils promettent.

343. Dans nos sociétés marchandes contemporaines, le pouvoir d'achat a réalisé la massification de l'accès aux places de pouvoirs. En effet, la monnaie réalise ce fantasme : elle est l'invisibilisation du commandement. C'est le sens du mythe de l'anneau de Gygès : montrer les liens entre la tyrannie et l'invisibilité.

Or, l'anneau, ou le bracelet, se dit *telos* en grec : il est ce qui permet de rejoindre directement la fin.

344. Fantasme des empotenté·es : faire faire sans donner d'ordres, en apparence. Pour cela, il faut le plus de médiation possible : s'éloigner au maximum, télé-commander.

345. Tenir à distance suppose des moyens « efficaces à distance » : les rapports de pouvoirs sont *télépathes* pour pouvoir commander malgré l'ignorance des moyens. Qui connaît, par exemple, les conditions matérielles d'arrivée de l'eau potable à son robinet ?

Un rapport de pouvoirs est donc un raccordement arbitraire entre *arkhè* et *telos*, source et cible. La distance (*télé*), artificiellement créée pour nous délier de la nécessité, fonde la possibilité du contrôle.

Cette ignorance acquise (des autres et de la matérialité du monde) passe par tous les moyens possibles : anonymat[1], invisibilisation, automatisation, division du travail, externalisation, mondialisation, etc.

346. La distance rend possible l'innocence, malgré la brutalité des rapports de pouvoirs : exploiter et jouir, sans la souillure. Cette *désaffection* des empotenté·es leur rend supportable une forme de vie qui serait sinon, *im-médiatement*, insoutenable et honteuse.

347. Le capital est un rapport de pouvoirs. Or, ce rapport social de production n'existe que soutenu par l'État et son système de lois, car ce rapport n'existe, comme rapport, qu'inscrit dans des codes (juridiques[2]), des titres (légaux), des habilitations (symboliques), bref des droits à occuper les places auxquelles ces rapports donnent consistance.

1. Sur l'anonymat et ses effets délétères massifs dans notre culture sociale, voir G. Pruvost, *Quotidien politique. Féminisme, écologie, subsistance*, Paris, La Découverte, 2021.

2. Voir K. Pistor, *Le Code du capital. Comment la loi crée la richesse capitaliste et les inégalités*, Paris, Seuil, 2023.

348. Occuper une place, c'est ne plus avoir à se poser de questions puisqu'on fait ce qu'on a *à faire*.

349. « *Beacon of civilization* » est la grande métaphore du colonialisme. De fait, le pire trope de la pensée critique n'est-il pas l'« éclairage » ? Métaphore binaire et pleinement hiérarchique : jour> nuit. Compte moins la clarté que la possibilité de désigner les ténèbres.

Ne pas être dupe des grandes étiquettes historiques : « Renaissance », « Lumières ». Les empotenté·es aiment se la raconter.

350. « Avoir une opinion éclairée » : le degré zéro de la puissance d'apprendre. C'est plutôt l'esprit fait pouvoir : « je sais, laissez-moi vous éclairer ». L'opinion « éclairée » est ainsi le tribut, offert par l'ordre épistémocratique, qui (ré)compense de ne pas penser.

351. Les ordres de pouvoirs nous hantent toutes et tous. Ils exigent l'obéissance par deux voix : la *sommation* d'y souscrire ; la *tentation* d'en devenir des prétendant·es.

352. Éduquer, c'est instiller l'« aiguillon de l'ordre »[1].

353. Ritournelle du pouvoir éducatif, dont l'impuissance éclate chaque fois qu'il *réclame* : « taisez-vous », « soyez tolérant·es », « asseyez-vous », « prenez vos stylos », « dis merci ». Celle qui les résumerait toutes : « maîtrisez-vous ! »

354. « Pour l'homme, la laideur a d'abord été le mauvais gouvernement de soi, puis l'absence de virilité (qui féminise). »[2]

355. Comment mesurer le niveau de nuisance produit par les rapports de pouvoirs qui nous occupent ? Au niveau de performativité des mots que l'on prononce : « à quel point ma parole peut-elle être dévastatrice » ?

1. E. Canetti, *Masse et puissance* [1966], Paris, Tel-Gallimard, 1986, p. 324.
2. Cl. Sagaert, *Histoire de la laideur féminine*, Paris, Imago, 2015.

356. Il est difficile de raconter les intensités de la puissance dans les mots et les cadres théoriques majoritaires. On ne cesse d'être intégré·es, assimilé·es, bref ratatiné·es dans des logiques qui sont au service de rapports de pouvoirs, donc fixatrices d'ordres.

Les rapports de pouvoirs transforment les mots en poisons : en abîmant ce qui est beau, en captant la joie des idées vraies pour les rendre fausses, bref en accaparant les puissances. Filons la métaphore : ces poisons sont *en chacun·e de nous*. Ils irriguent en nous, en les autres, et forment des *parts constituées*.

Face à cela, la pratique crée et recrée parce qu'elle est un ensemble d'exercices réguliers qui permettent d'inventer une autre langue en refaçonnant notre vocabulaire, et de fabriquer d'autres imaginaires.

357. Nommer, c'est créer (performer) des substances : faire croire qu'il y a des choses stables, des choses dont on va pouvoir établir des propriétés en vue de légitimer des habilitations. Nommer, en vue de nominer.

358. La puissance, c'est construire sa propre voix : comme se donner un nom. Par exemple, le retournement du stigmate : si c'est depuis ma propre voix que je m'exprime politiquement comme « queer » ou « sorcière », ça n'a rien à voir avec l'« explication » insultante des empotenté·es qui cherchaient à me réduire à un ensemble de propriétés fantasmées et projetées.

359. Si l'on se donne soi-même son propre nom, cela s'appelle un *pseudonyme*. Par contre, le « vrai » nom est celui qui a été imposé par les parents – pour les enfants – ou les propriétaires – pour les esclaves.

360. « Les parents de Quentin parlent tellement de lui qu'ils en parlent à sa place. Lorsqu'ils parlent, il se tait, absent à la conversation, il n'existe plus. Il n'existe alors – comme bon nombre d'adolescents et comme bien souvent l'interlocuteur de bonne foi peut s'en apercevoir dans ce genre de situation – que de ce que tous en disent, de lui. Tous, parents, éducateurs, professeurs,

psychologues, assistantes sociales, orthophonistes… interprétants qui ont quelque chose à en dire, qui l'écrivent et le font de manière professionnelle, c'est-à-dire stipendiée, payée pour avoir à en dire quelque chose.

Pour exister, Quentin, lui, tord le langage et le réel différemment. Il les tisse autrement, il fait des nœuds de langage autres pour produire un autre réel. Qu'il y soit libre ou non est une autre question. Pour l'instant, il ment. »[1]

361. La distinction entre pouvoir et puissance nous emmène d'emblée, et nécessairement, sur le plan *matériel.* Les ordres de pouvoirs valent pour les *bénéfices matériels* qu'ils rendent possibles, malgré l'impuissance des empotenté·es. On n'est donc pas seulement dans un plan symbolique : il s'agit de mettre au travail la puissance d'autrui selon un *bon vouloir.*

362. *Il ne faut pas éduquer les enfants.* Oui, le déploiement de la puissance va jusque là[2].

Ce ne sont pas les enfants qui ont besoin de la pédagogie, c'est elle qui crée l'enfance parce qu'elle doit infantiliser pour s'exercer comme rapport de pouvoirs. L'idéologie de l'enfance, c'est l'éducation comme idéologie.

L'*infantilisation* est ainsi la marque de fabrique des empotenté·es.

Les maîtres ne font donc pas de la « pédagogie » uniquement pour faire passer leurs contre-réformes au niveau de l'état, prenant les citoyen·nes pour des imbéciles, ils en font tout le temps à travers les mots d'ordres, les leçons, les conseils, les prévenances, les menaces, etc.

1. M. Pouteyo, « Le mentir-vrai. Entre éducation spécialisée et philosophie : ce que l'on essaie de faire avec le mensonge », *Le Sociographe*, vol. 51, n° 3, 2015, p. 113-120.

2. Voir l'ouvrage collectif dirigé par A. Janvier et S. Audidière, *Il faut éduquer les enfants*, Lyon, ENS Éditions, 2022. Dans ma contribution, j'y déploie les raisons de ce non-faire éducatif comme libre-agir.

363. Dans une interview célèbre, un journaliste demande à Hannah Arendt ce que cela faisait d'être un enfant juif dans l'Allemagne d'avant la guerre[1]. Arendt déplace la question en précisant d'abord qu'il n'allait pas de soi de se percevoir « en tant que juif » pour un enfant. Ainsi, elle raconte comment elle s'est découverte « en tant que juive » dans les interactions scolaires, alors qu'elle n'avait aucune connaissance de cette classification par sa famille : « Je n'avais pas appris par ma famille que j'étais juive. Ma mère n'était pas du tout religieuse. Le mot "juif" n'est jamais apparu quand j'étais une petite fille. Je l'ai rencontré pour la première fois par les remarques antisémites – elles ne méritent pas d'être répétées. Elles furent prononcées par des gamins dans la rue. Ça m'a éclairée. C'est là que j'ai compris que j'étais quelque chose de spécial. Comme enfant, mais comme enfant un peu plus âgé, j'ai compris que j'avais l'air juive. »

C'est ainsi que des enfants à l'éducation antisémite ont « reconnu » ce que la petite Hannah ne connaissait pas d'elle-même, car on ne lui avait pas fait incorporer cette catégorie de perception des humain·es.

364. L'empotentement consiste dans toutes les actions, de l'infra-ordinaire à l'institutionnelle, qui maintiennent des découpages arbitraires du réel. La petite Hannah *n'est pas* juive – au sens d'un essentialisme –, elle est perçue « en tant que juive » par d'autres enfants dont l'éducation a visiblement inclus un dressage à percevoir les singularités individuelles sous ce régime d'ordre – c'est-à-dire à sentir que « non-juif » était une place qui conférait du pouvoir sur celles et ceux qui occupaient la place « juive » dans cet ordre.

365. Les *Siens* : individus enviables et imitables, indiquant ce que je dois devenir parce que je m'y suis identifié·e « en tant que... ». Éléments génériques de la recette du soi que j'ai à être.

1. Il s'agit d'une interview avec Günter Gaus, datant de 1964. Elle est accessible en ligne.

366. L'*identité du sujet autonome* est l'étape ultime du « développement » – autre nom de la domestication. Que ce soit l'individu ou le groupe qui se pense sous le prisme d'une identité, cela ne change rien. L'identitaire, c'est la croyance dans la consistance des *substances.* « Tu es une enfant », « tu es un juif », « tu es laide » : l'identification entraîne un double mouvement de sujétion-abjection.

La haine de soi s'explique ici simplement : je me hais lorsque le « bon » sujet, c'est celui que je ne suis pas. Dire « tu es un enfant », pour la domination adulte, signifie : « tu es un être moindre et ton devoir est de te développer pour être un adulte. » Les opprimé·es apprennent leur *malvenue* dans le monde, leur présence *laide* dont on attendra perpétuellement qu'elles et ils s'en excusent – en se cachant, en se grimant, en se taisant, en servant, etc. A contrario, être un·e empotenté·e c'est faire l'expérience de la *bienvenue* dans un monde inégalitaire.

367. L'attitude des hommes soi-disant « de gauche » vis-à-vis des femmes dans les mouvements de « lutte » est parfois catastrophique : « La mise au pas des femmes pour servir les hommes (ronéoter leurs tracts, distribuer leurs tracts, laver leurs chemises et ouvrir les jambes) a joué un rôle important dans la renaissance du mouvement féministe autour des années 1968-1970 dans tous les pays occidentaux. […] Hors du label "baisable", il n'y avait point de salut, point de place pour les femmes. Stokely Carmichael, un leader des droits civiques, le disait ingénument : "la seule position pour une femme dans le mouvement, c'est sur le dos". »[1].

368. « *Jus sive potentia* » (le droit, c'est la puissance) : principe simple qui protège de toutes les tentatives qui veulent brider la puissance au nom du droit, en les voyant pour ce qu'elles sont – à savoir des pièges. La plus canonique d'entre toutes : la question de la légitimité. Chaque fois qu'elle surgit, c'est pour faire la police et

1. C. Delphy, « Patriarcat et sexualité : pour une analyse matérialiste », préface à A. Dworkin, *Les Femmes de droite*, *op. cit.*, p.9.

diviser, antérieurement à la pratique, par des « *titres* à exercer ». Son objectif est performatif : rendre impossible l'action des *sans-titres* à force de les qualifier d'illégitimes.

369. En politique, la question « qui est légitime pour exercer la souveraineté ? » n'est qu'une manière ampoulée de se tirer la bourre, entre empotenté·es, pour accéder au droit de nuire. Les prétendant·es au pastoralisme politique se présentent : « nous les riches » (ploutocratie), « nous les sachant·es » (épistémocratie), « nous les ancien·nes » (gérontocratie), etc. Chaque classe prétendant à la direction veut se faire aimer pour se voir confier le soin de nous.

370. Se poser la question « qu'est-ce que je vaux ? » est l'expression d'une aliénation causée par les ordres, reçus d'autrui, de prouver sa valeur : depuis le chantage affectif familial (« si tu n'as pas des bonnes notes à l'école, tu seras un·e raté·e ») jusqu'au fonctionnement institutionnel (« tu ne seras légitime pour enseigner que si tu as le concours »).

Nous n'en venons à nous poser ce faux problème de notre valeur que si quelque personne nous a enjoint de *prouver* notre valeur. Alors, forcément, l'idée fixe de notre valeur devient *pré-occupante*, à la lettre : elle en vient à précéder toute mise en action. « Ce que j'ai à dire a-t-il vraiment de l'intérêt ? », avant toute prise de parole. « Qui suis-je pour prétendre à un tel poste ? », au moment de choisir une activité. Plus génériquement : « qui suis-je pour prétendre faire ceci ou cela ? »

Le piège se referme, car croire qu'*agir c'est prétendre*, c'est aussitôt contaminer le champ des actions expérimentales par l'angoisse de sa propre valeur. On est happé·e par la question de la *légitimité*, ce faux problème terriblement minant qui rend le fait même d'agir inquiétant. Faux problème aux effets parfaitement concrets, car si la légitimité est un fondement attendu, une propriété des choses – je *suis*, ou ne suis pas, légitime –, il va alors falloir *prouver mon mérite d'exister*.

Par exemple, le travail gratuit est souvent obtenu, ou plutôt extorqué, en faisant croire qu'il permettra aux individus de prouver leur valeur : être une bonne mère, être un chômeur digne, être une militante engagée pour la cause, etc.[1]. « Je suis une bonne mère *parce que* je fais ce travail domestique » : une telle explication causale permet toutes les exploitations. Cet usage manipulatoire des valeurs – l'amour, la passion, la dévotion pour autrui, etc. – fait croire aux individus qu'ils auront une valeur qu'on les somme de démontrer par des activités définies.

Ainsi, les discours des empotenté·es sur les valeurs *désignées comme désirables* servent à *enrôler le désir des personnes qu'aucun désir ne vise* – au sens spinoziste[2]. Cela pourrait même constituer une définition affective de l'empotentement : les rapports de pouvoirs font croire aux personnes qu'elles sont *responsables de leur valeur*[3]. Ce qui permet de leur faire faire à peu près ce qu'on veut.

Exemple. « Si tu ne me fais pas ça, je te quitte » : chantage grossier et éhonté qu'un homme peut exercer dans une relation hétérosexuelle, en misant sur la peur de déplaire intériorisée de sa compagne – depuis une éducation genrée « en tant que femme ».

371. Parvenir = parvenir à valoir.

Pourquoi cherche-t-on à parvenir ? Ultimement, les rapports de pouvoirs nous captent dans une économie *affective* de la dette : on veut *parvenir à valoir* quelque chose, comme s'il y avait quelque somme symbolique à collecter pour *rembourser.* « Excusez-moi d'être… », peut ainsi se répéter toute sa vie un individu que la maltraitance parentale aura conditionné à croire que sa valeur est une propriété personnelle – dont cet individu aurait la *charge.*

1. Voir M. Simonet, *Travail gratuit : la nouvelle exploitation ?*, Paris, Textuel, 2018.

2. Pour rappel, Spinoza opère ce renversement : ce n'est pas parce qu'une chose est bonne que nous la désirons, c'est parce que nous la désirons que nous la jugeons bonne. Spinoza, *Ethique*, III, 9, scolie.

3. L'idéologie volontariste, individualiste et méritocratique tient tout entière dans cette mystification.

L'essence de l'humain – à savoir le désir comme puissance de *production* de valeur – est retournée en aspiration à *avoir de la valeur* : avoir de l'argent, paraître bel·le selon les normes esthétiques, obtenir la reconnaissance de ses maîtres, etc.

D'où le faux problème qui hante les parvenu·es : « qu'est-ce que je vaux ? »

9.
DONNER À EXISTER

372. « Sommes-nous condamnées à n'être que ces champs retournés, des espaces où se jouent des partitions qui ne sont pas les nôtres ? »[1]

373. Rien ne sert aux empotenté·es de se cacher, car, même s'ils et elles ont la chance de n'être pas aboli.es, jamais ils et elles n'en auront l'assurance. C'est ainsi, énonçait déjà Épicure : le pouvoir peut bien être en sûreté, en confiance jamais.

374. À force d'être accaparé·e aux tâches d'exécution, il pourrait être intéressant, pour les empotentant·es, de tester l'hypothèse politique d'appliquer l'exécution, exigée par ceux et celles qui nous font faire des exécutions, sur ces derniers. Cela mettrait-il fin aux exécutions ?

Problème conséquentialiste par excellence : la mort de quelques capitalistes vaut-elle sa peine pour réduire le nombre de morts au travail par an, par exemple ?[2]. Ou bien la terreur suscitée par de telles initiatives calmerait-elle les ardeurs des classes possédantes à légiférer dans leur seul intérêt particulier ?

Problème impossible à poser du point de vue des pouvoirs, parce que terrorisant.

1. L. Lafon, *Nous sommes les oiseaux de la tempête qui s'annonce*, Arles, Babel-Actes Sud, 2014, p. 383.

2. Expérience de pensée fort connue, sous le nom du « dilemme du tramway », elle est souvent utilisée en cours, mais dans un contexte « abstrait » et détaché de tout rapports de pouvoirs concrets et contextualisés au sein des luttes actuelles.

375. « L'oppresseur n'entend pas ce que dit son opprimé comme un langage mais comme un bruit. C'est dans la définition de l'oppression.

En particulier les "plaintes" de l'opprimé·e sont sans effet, car naturelles. Pour l'oppresseur il n'y a pas oppression, forcément, mais un fait de nature.

Aussi est-il vain de se poser comme victime : on ne fait par là qu'entériner un fait de nature, que s'inscrire dans le décor planté par l'oppresseur. »[1]

376. Pour bien comprendre les conséquences de l'idée que les rapports de pouvoirs distribuent des places et ne sont aucunement des attributs de la personne, peut-on aller jusqu'à dire que l'exemple suivant fonctionne ?

Un bébé crie dans les transports publics : cela met sa mère en panique, qui s'excuse et peut aller jusqu'à descendre du bus si elle a trop honte. Peut-on dire que son bébé occupe une place dans le système des dominations (responsabilité parentale de la mère, etc.) qui engendre ces effets-là sur sa mère ? Il ne s'agit pas d'accuser le bébé, de dire qu'il « use » de « son » pouvoir sur elle (interprétation paranoïaque et intentionaliste typique des empotenté·es) ; il faut aller au bout de la dépsychologisation dans l'analyse des rapports de pouvoirs : pour qu'un bébé n'ait plus ce pouvoir, c'est un ensemble de réagencements politiques qu'il conviendrait d'opérer ; il est absurde de demander au bébé de changer, de faire des petits gestes, d'arrêter de manipuler sa mère, etc.

Problèmes plus conséquents : en quelle mesure sommes-nous partie prenante du modèle hégémonique de la famille occidentale, de la figure maternelle dans le patriarcat, de la misopédie, etc ?

377. « J'ai découvert que si je devais faire des critiques de livres, je devrais me battre contre un certain fantôme. Ce fantôme était une femme, et lorsque j'ai appris à mieux la connaître, je lui ai donné le nom de l'héroïne d'un célèbre poème : "L'ange dans la

1. C. Rochefort, *Définition de l'opprimé*, Nantes, Éditions les vilains, non paginé.

maison". C'est elle qui s'interposait entre moi et la page lorsque j'écrivais des critiques. C'est elle qui me dérangeait, me faisait perdre mon temps et me tourmentait tellement que j'ai fini par la tuer. [...] Mon excuse, si je devais être traduite devant un tribunal, serait que j'ai agi en état de légitime défense. Si je ne l'avais pas tuée, elle m'aurait tuée. »[1]

378. Respecter est bien plus difficile que dominer, domestiquer, exploiter, asservir, etc. Mais les « bonnes intentions » ne sauraient définir ce « respecter » : il faut créer, re-créer un milieu par quoi on puisse exister. C'est tout le travail de la *vacance* : désoccuper « nos » temps et « nos » lieux – car ce sont eux qui nous occupent, en réalité – pour se remettre à apprendre, à mouvoir, bref à devenir.

Ce travail sur le *milieu* est une évidence pour la pédagogie et la psychothérapie institutionnelles : c'est toujours le milieu qui est malade et qu'il faut soigner, pas la personne.

379. En mathématiques, une involution est une application qui est sa propre réciproque, c'est-à-dire par laquelle chaque élément est *l'image de son image* : $f(f(x)) = x$.

Cela caractérise parfaitement la forme de vie de l'empotenté·e, qui se contente de prononcer des mots : images d'images.

« Faire faire $x = x$ » : faire faire à manger à sa femme, c'est juste prononcer les mots « j'ai faim ».

« Croire croire $x = x$ » : croire croire tel énoncé de l'enseignant·e, c'est juste répéter l'énoncé sans le comprendre.

380. La docilité extorquée par les rapports de pouvoirs explique l'illusion du libre-arbitre. L'effet involutif des mots d'ordres peut, en effet, se traduire ainsi :

$$\text{faire } x = \text{se faire faire } x = \text{s'ordonner } x$$

Concevoir l'action comme une résultante de la libre-volonté est le simulacre auquel nous nous voyons réduit·es quand nous ne sentons plus et n'expérimentons que nous sommes désirant·es. La maîtrise est bien, décidément, l'implémentation des outils du maître jusque

1. V. Woolf, *Professions for women* [1931], traduit par J. Rabat, dans *Être femme*, Paris, éditions de la variation, 2022.

dans ce qui nous anime : j'ai envie de *x*, (fin lointaine), donc je vais m'ordonner *x* (cause imaginée libre), donc je vais devoir m'efforcer (moyens instrumentalisés et sans lien objectif avec la fin).

Par contraste, parler de « non-faire » (Lao Tseu) ou de « libre-nécessité » (Spinoza) est une manière de nous replonger au cœur de la puissance d'agir. L'étrangeté de ces deux philosophes est à la mesure de leur échappée de la mythologie volontariste dont se berce l'Occident.

381. Croire n'est pas du tout la même chose selon qu'on soit dans la perspective de puissance ou dans l'ordre des rapports de pouvoirs.

En termes de puissance, *croire, c'est être disposé·e à agir.* Je crois véritablement une idée, je la tiens pour vraie, lorsque je suis porté·e par elle, affecté·e par les orientations normatives de cette idée[1].

Sous l'emprise d'un rapport de pouvoirs, *croire, c'est répéter des mots d'ordres.* C'est pourquoi la croyance devient involutive : croire croire $x = x$. La personne qui croit *x*, croit y croire, mais ne fait que répéter des mots. Dans la logique des ordres de pouvoirs, « le langage n'est pas fait pour être cru, mais pour obéir et faire obéir »[2].

382. L'empotenté·e est *soi-disant.* Se dire : faire croire en sa substantialité, à force de performer une identité par ânonnement grammatical. « Je suis de gauche », « je suis une personne

1. Encore une fois, la distinction entre fait et valeur ne tient pas : une idée est toujours *en même temps* cognitive – sa forme qui forme mon entendement – et conative – sa force qui force ma volonté. C'est évident chez Spinoza; ce sera l'occasion d'une redécouverte chez des auteurs contemporains comme John Dewey ou Hilary Putnam. Voir H. Putnam, *Fait/valeur. La fin d'un dogme*, Paris, Éditions de l'éclat, 2003.

2. G. Deleuze et F. Guattari, *Mille plateaux*, *op. cit.*, p. 96. Je leur dois beaucoup dans mon usage du concept de « mot d'ordres » – auquel je souhaite ajouter un pluriel pour insister sur le fait que ces mots produisent des ordres, au double sens de commandement et d'ordonnancement.

méritante », « je suis ton aînée », « je suis un Français », « je suis une rebelle », etc.

383. Témoignage de Maureen Kearney[1] sur les techniques de pouvoir des possédants, de l'institution policière, d'une certaine justice institutionnelle : les empotenté·es *décrédibilisent*, ils et elles n'argumentent pas, n'étant pas dans le dialogue.

Ils et elles font en sorte que nous ne soyons pas cru·es, pour conserver leur monopole de la performativité du « faire croire ».

384. À propos de l'impuissance des hauts fonctionnaires : « Son souci n'était pas de faire, mais de faire croire qu'il faisait. »[2].

385. « Ceux qui font pour moi, mais sans moi, font contre moi. » (Neslon Mandela) Traduction : ils et elles croient savoir quoi faire *pour* (psittacisme de la docilité), donc prétendent faire *sans* (solitude du commandement). Faire faire ou bien faire à la place, c'est donc bien faire *contre* : contre soi-même, contre les autres.

386. À force d'obéissance, l'involution induit la *perte du monde* : « le fait moderne, c'est que nous ne croyons plus en ce monde. Nous ne croyons même pas aux évènements qui nous arrivent, l'amour, la mort, comme s'ils ne nous concernaient qu'à moitié »[3].

En sectionnant les relations de puissances, les rapports de pouvoirs nous *délient* du monde, des autres et de nous-mêmes. N'ayant plus la puissance de croire en rien, nous ne sommes donc plus disposé·es à agir. À la lettre : désaffecté·es.

387. Qui croit au Père Noël : les enfants ou les parents ? Ne sont-ce pas les adultes qui ont besoin de croire que les enfants y croient ?[4] Et les enfants font-ils autre chose que prendre en charge

1. Sur les drames successifs vécus par cette femme, voir C. Michel-Aguirre, *La Syndicaliste*, Paris, Stock, 2019 ; ou la version « adoucie » en film : Jean-Paul Salomé, *La Syndicaliste*.

2. P.-A. Martin, *Le Clan des seigneurs*, Chevilly Larue, Max Milo, 2023.

3. G. Deleuze, *L'Image-temps. Cinéma 2*, Paris, Minuit, 1985, chap. 7, p. 223.

4. Voir le très important texte de Cl. Lévi-Strauss, « Le Père Noël supplicié », *Les Temps Modernes*, n° 77, 1952.

ce besoin des adultes d'y croire, en performant un métier d'enfant *pour les adultes* ? …

Dans ces rituels d'offrandes, le don véritable vient des enfants.

388. Nous avons oublié ce que les sens et la raison nous expriment dans un langage pourtant si simple : indispensables boussoles des désirs. Refuser de parvenir, c'est comme apprendre à défaire cet oubli, c'est-à-dire à laisser tomber des ordres arbitraires dont les conventions ne servent qu'un but : entretenir les maîtres.

Refuser de parvenir pour laisser venir, à nouveau, la joie pure d'une expérience écoutée pour elle-même – ni conformément à des ordres, ni pour confirmer des ordres. Pour réapprendre à sentir et à penser.

389. La docilité de l'empotenté·e se manifeste par la *polarité passive* qui structure son rapport à la croyance : soit elle est donnée, purement reçue (« j'y crois, c'est comme ça » ; « je ne crois que ce que je vois »), soit elle est voulue librement (« je pense ce que je veux »). Cette vision passiviste ou spontanéiste de la croyance rive celle-ci à un sens épistémique faible : adhésion à une assertion sur le monde.

C'est passer complètement à côté de la dimension pratique de la croyance. En deux sens : la croyance est un ensemble de pratiques et d'attentions *soutenues* qui rendent réelles les entités crues[1] (puissance individuante) précisément parce que la croyance n'est pas séparable de sa dimension conative qui induit des effets pratiques (puissance individuée).

390. L'empotenté·e *constate* : « je ne vois rien » ; puis il en déduit : « ça n'existe donc pas ». Il prend sa (faible) puissance perceptive et imaginative pour la réalité.

C'est ce qui a rendu l'étude occidentale des religions parfois très condescendante[2]. De fait, les « indigènes » ou les « enfants » ont le

1. Voir T. Luhrmann, *Le Feu de la présence. Aviver les expériences invisibles*, Bruxelles, Éditions Vues de l'Esprit, 2022.

2. Voir le texte de Wittgenstein, « Remarques sur *Le Rameau d'Or* de Frazer », *Actes de la recherche en sciences sociales*, vol. 16, 1977, p. 35-42.

plus souffert de cette carence des empotenté·e : paradoxale *cécité projective*[1].

391. « Se pourrait-il que les Modernes puissent croire en “la religion” à la manière dont ils pensent que les prétendus “primitifs” inventent des dieux ? »[2] Oui : l'empotenté·e croit en la croyance.

Nous aussi nous prêtons volontiers une réalité à l'invisible : mais cet invisible n'est pas une expérience d'altérité – comme peuvent l'être des animaux, des esprits ou des dieux –, c'est la répétition de mots.

Croire en la croyance, c'est croire en soi-même après avoir cru dans les mots des maîtres : c'est la raison pour laquelle il est si difficile pour les sciences occidentales de comprendre qu'on puisse croire en autre chose que ce qui *fait foi* à l'aune des critères occidentaux de la scientificité.

Ce handicap épistémique provient du régime involutif particulier de la croyance dans les rapports de pouvoirs : croire croire, c'est simplement répéter son texte – « LA-religion », dit-on.

Le partage occidental entre ce qui est réel et ce qui ne l'est pas se condense dans cette tautologie confondante : est réel ce qui *se dit* réel – par la voix du maître, sujet absent : « c'est ce qui se dit ».

392. « L'imaginaire collectif est bien, en un sens, illusion, mais cette illusion, c'est la réalité même »[3] : l'imagination est matériellement constitutive de mondes parce que productrice d'effets on ne peut plus réels – par les mots d'ordres.

1. Sur l'enfance, voir la magnifique analyse de David Lapoujade dans *Les Existences moindres*, « 3. Comment voir », Paris, Minuit, 2017, p. 37-40 ; sur l'anthropologie, voir les perspectives de Mohamed Amer Meziane, *Au bord du monde. Vers une anthropologie métaphysique*, Bruxelles, Éditions Vues de l'Esprit, 2023.

2. M. Amer Meziane, *Au bord du monde, op. cit.* Il y a une propension du savoir-pouvoir occidental à se croire une *anti*-métaphysique fondée sur une appréhension supposée « scientifique » des phénomènes.

3. A. Matheron, « *L'Anomalie sauvage* d'Antonio Negri », dans *Études sur Spinoza et les philosophies de l'âge classique*, Lyon, ENS Éditions, 2011, p. 447-463.

393. Les rapports de pouvoirs ne sauraient être autres que sociaux, puisqu'ils supposent un imaginaire collectif – appris et partagé. Ces rapports (sociaux) de pouvoirs sont architecturés par plusieurs modalités :

1) L'oppression en constitue la modalité *corporelle* (c'est-à-dire toujours en même temps physique et psychique : enfant frappé, femme menacée, etc.) qui institue et préserve les rapports de pouvoirs.

2) La domination en constitue la modalité *symbolique* (insultes, évidences, etc.) qui ne cesse de relégitimer les rapports de pouvoirs.

3) L'exploitation en constitue la modalité *organisationnelle* (domestication, mise au travail forcée, etc.) qui permet les privilèges matériels en faveur des empotenté·es.

En résumé : brutalité, humiliation, extorsion.

394. Chez Platon, l'*amathia* est une forme aggravée de l'ignorance : celle qui consiste à « s'imaginer savoir » quand on ne sait pas[1]. C'est ce que j'appelle *croire croire* : le psittacisme, *flatus vocis*.

La conséquence nécessaire de l'*amathia* est l'incrédulité vis-à-vis des croyances des autres. Cela peut prendre des formes très brutales – pensons aux guerres de religion.

395. Le problème n'est pas celui de la croyance comme contenu – conflit d'idées –, mais de ce que les rapports de pouvoirs font à notre manière de croire. Les guerres de religion sont d'abord des conflits *politiques*. William Cavanaugh suggère ainsi que les différends religieux furent en réalité instrumentalisés, au XVIe siècle, pour conforter la naissance de l'État-nation[2].

396. Une idée n'est jamais meurtrière, mais sa forme morte, propositionnelle, peut l'être : obéissance à un ordre.

1. Platon, *Sophiste*, 229c5.

2. W. Cavanaugh, *Le Mythe de la violence religieuse*, Éditions de l'homme nouveau, 2009.

Qui prétend tuer pour une idée, tue, en réalité, *au nom de* cette idée.

397. L'*amathia* est l'aliénation originelle, au sens spinozien d'une *fixation* de la puissance d'agir, car c'est une machine à *tuer le désir*, comme l'explique Lætitia Monteils-Laeng : « les véritables ignorants "ne sont ni ceux qui savent, ni ceux des ignorants qui savent qu'ils ne savent pas, [mais] ceux qui croient savoir ce qu'ils ne savent pas" (*Alcibiade*, 117e9-118a2). Cette forme d'ignorance est donc aussi une impuissance à se transformer en son contraire, puisque celui qui ne sait pas et qui ne sait pas qu'il ne sait pas *ne saurait désirer savoir* (*Lysis*, 218a) ».

Tout est dit des empotenté·es : ils et elles ne sauraient désirer savoir, par nécessité des places occupées.

398. Derechef, l'équivalence suivante : « Attendre, c'est prétendre »[1]. On peut aussi l'écrire dans l'autre sens, afin d'expliciter la double inférence qu'est une équivalence : prétendre, c'est attendre (sa récompense).

Deux faces d'une même passivité : croyant connaître le monde (entièrement prévu et anticipé), l'empotenté·e *s'attend à* ce que les choses adviennent comme prévu ; il *prétend* y arriver, c'est-à-dire à être légitime à (se) le faire faire.

399. Les empotenté·es ne sont pas mu·es par ce qu'ils et elles désirent, mais par ce qu'on attend d'eux ou d'elles. C'est flagrant chez les bon·nes élèves. Cette envie a un nom : « *docilité* ».

Le pouvoir est attente : des deux côtés du rapport de commandement. C'est parce qu'un·e empotenté·e attend de moi que je fasse, et me sanctionnera pour cela – récompense pour avoir fait ou punition pour n'avoir pas fait –, que je suis moi-même dans l'attente – de la sanction, que j'espère positive.

Susurration des ordres de pouvoirs : « obéir vous rapportera ».

1. Je dois cette formule à l'analyse d'une nouvelle de Henry James par D. Lapoujade, *Fictions du pragmatisme*, Paris, Minuit, 2008, chap. 9, p. 231.

400. Se servir de soi-même pour *faire image* et paraître conforme est le propre de ce que l'Étranger, dans *Le Sophiste*, nomme la *mimèsis*[1]. Or, il n'est pas du tout impossible d'imiter ce qu'on ne comprend pas : cet apparent paradoxe est même le cas général. C'est la « doxomimétique » : par exemple, ignorer ce qu'est le féminisme mais s'évertuer à mimer l'opinion qu'on s'en est faite afin de *pouvoir paraître* féministe sans l'être.

Les rapports de pouvoirs réalisent ainsi la fusion d'un néant théorique et d'une urgence pratique : c'est parce qu'il faut vite donner des gages – le rapport de pouvoirs éducatif est un endettement – qu'il faudra affirmer ce qu'on ne comprend pas, ce dont on n'a pas l'idée.

Ainsi, la peur de se tromper engendre la haine punitive. « On m'attend au tournant » : une telle crainte engendre souvent des situations de grande violence symbolique dans les milieux savants ou militants[2].

401. Dans le beau documentaire de Michèle Dominici sur *L'Histoire oubliée des femmes au foyer*, l'une d'elles parle, dans son journal intime, de « tous ces efforts pour coller à une image, cette fatigue pour rien ».

402. L'obéissance est un empêchement de la puissance d'être affecté·e par écrasement imaginatif : c'est le rôle du pouvoir éducatif de rendre obsédante la question de savoir chez l'éduqué·e ce qu'il « convient de faire » – pour plaire, pour réussir, etc. En prenant pour règle « qu'est-ce qu'on attend de moi ? », l'empotenté·e n'est plus relié·e au monde, mais seulement aux affections de sa « subjectivité ». Les rapports de pouvoirs rendent solipsistes : obéir c'est se faire croire à la présence intérieure d'une opinion *commandant* notre comportement.

1. Ces analyses suivent la lecture que fait Monique Dixsaut du *Sophiste* de Platon dans *Platon et la question de la pensée*, I, Paris, Vrin, 2000, chap. 8, p. 298-303.

2. Les symptômes de cette docilité (donneuse de leçons) sont décrits dans E. Deck Marsault, *Faire justice*, *op. cit.*

La doxomimétique est l'anticipation d'un commandement : d'où l'introjection. Il s'agit de précéder des envies que l'éducation aura inculquées comme devant être assouvies.

403. Soixante-quinze pour cent des phrases adressées aux enfant·es sont des injonctions[1].

404. Les rapports de pouvoirs réclament et produisent de l'intériorité.

C'est pourquoi l'intériorité est suspecte et ne saurait constituer un critère de la puissance, du type : « si ça vient de moi, c'est forcément l'expression sincère de mon désir ». En effet, le « dedans » de la maîtrise « n'existe que représenté et mimé afin de pouvoir être regardé du dehors, le dehors ne se manifestant que pour produire *l'illusion qu'il existe un dedans* »[2].

« Tu as vu comme elle est sage », se complimente le pouvoir éducatif, créateur de néants.

405. La récompense offerte par les empotenté·es prend la forme psychique du « réconfort sentimental »[3], qui ne rompt aucunement l'isolement propre aux rapports de pouvoirs. Cette contrefaçon de la douceur est une manière d'empêcher toujours plus la relation en mimant un soin reçu, une attention méritée : bienveillance, harmonie New Age, non-violence, sucreries, confort matériel, etc.

1. Voir Y. Bonnardel, *La Domination adulte*, Méréville, Le Hêtre Myriadis, 2015, chap. 2, p. 75.

2. M. Dixsaut, *Platon et la question de la pensée*, I, *op. cit.*, chap. 8, p. 301.

3. A. Dufourmantelle, *Puissance de la douceur*, *op. cit.*, p. 83.

10.
L'ENVIE D'AVOIR ENVIE, OU LE DÉSIR PERDU

406. La puissance : *prendre ses désirs pour des réalités.* L'empotenté·e, par contraste, ne comprend pas pourquoi la réalité ne correspond pas à ses envies.

407. Ce qui importe, ce n'est pas de comprendre les désaccords ou les sujets de débat, mais ce sur quoi nos contemporain·es sont d'accord – les faux problèmes épuisants. Or, dans notre époque, il y a cet étrange consensus sur le caractère *enviable* de l'empotentement : pour en jouir – en vue du « bien » des autres ou du sien.

408. « Beaucoup de jeunes gens réclament étrangement d'être "motivé·es" », s'étonnait l'un des plus grands philosophes du désir[1]. De fait, cette envie d'avoir envie est le redoublement inutile d'un élan perdu que n'anime plus aucun désir : « je ferais bien de m'y mettre ».

409. La régression à l'infini guette celui ou celle que l'arbitraire des *rapports* a privé de toute prise sur le réel. Ainsi, la misère de la parvenue peut aller jusqu'à envier d'avoir des envies : « je ne sais pas ce que je veux », peut se lamenter un·e consommateurice. Ayant réduit la liberté à du vouloir, au simple fait de choisir, l'empotenté·e s'inquiète de *savoir quoi vouloir.* D'où la division du travail jusque ce qui concerne les envies : des algorithmes pour suggérer quoi acheter, un coach pour organiser les motivations, etc.

1. G. Deleuze, *Pourparlers*, « Post-scriptum sur les sociétés de contrôle », *op. cit.*, p. 247.

410. S'efforcer ou se motiver : déplorer les causes dont on chérit les effets.

411. S'inquiéter quand on en est à *se* donner des conseils à soi-même : surgissement du pronominal.

412. Deligny demande : « Faut-il écrire SE taire ou CE taire ? »[1]. De fait, il y a un lien indéniable entre les rapports de pouvoirs et le pronominal : « se » est la marque syntaxique d'une injonction que je me fais à moi-même. Tout ce qui était bon devient épuisant : s'efforcer, s'évertuer, s'adresser, etc.

Le monde des rapports de pouvoirs est un « monde perçu en S »[2] : ajouter du pronominal pour répéter la scène de commandements des pouvoirs dans son for intérieur. À coup de « ON » et de « SE » : ainsi oscillent les injonctions qu'*on se fait*. Chacun tente désespérément de se construire une intériorité (SE) depuis l'impersonnel (ON).

413. Lao Tseu définit la dégradation ontologique de l'*agir* en *faire* par l'expression : « s'évertuer ». Son éloge du « non-faire » signifie ceci : refusons de nous évertuer. Dans le même esprit, Dewey définit l'effort comme la pire chose qu'on puisse apprendre à un enfant : s'efforcer, explique-t-il, c'est avoir envie de faire ce qu'on ne désire pas faire – bref c'est apprendre la docilité et perdre sa sensibilité.

414. La délivrance comme liberté fantasmée, et concrètement brutale, est une *institutionnalisation de l'envie* : assurer le succès de ses envies par la fixation des rapports de pouvoirs (donc la performativité de ses commandements) *malgré l'impuissance* intrinsèque de l'envie. C'est-à-dire : s'assurer la possession des *effets* de la pratique sans l'exercer, dès lors qu'on ne désire ni œuvrer avec la matérialité (*poïèsis*) ni vivre une existence humainement reliée (*praxis*).

1. F. Deligny, *Nous et l'innocent*, Paris, Maspero, 1975 et *Le Croire et le craindre*, Paris, Stock 1978; dans *Œuvres*, Paris, Éditions L'Arachnéen, 2007, p. 697 et p. 1150.

2. *Ibid.*

415. Les empotenté·es *reformulent* ce que nous devenons. Interdire, certes, mais surtout contredire : « ce que tu es, fais ou dis n'est pas souhaitable ». Reprendre l'autre à zéro : « ce serait tellement mieux si tu faisais *comme ça.* »

416. « Avoir envie d'avoir du pouvoir » : à quoi disons-nous « oui » quand nous occupons une place de pouvoirs, à quelle organisation sociale du monde ?

« Quand un prof nous dit ça, c'est grave, c'est même dangereux. On ne devrait jamais accepter. Mais, en fait, la seule façon de réussir c'est de se taire. » (Témoignage d'une étudiante en médecine[1].)

417. Occuper une place de pouvoirs, c'est devenir responsable. *Devoir répondre de* : c'est reconnaître les solutions attendues et les répéter comme il faut.

D'où le drame de *vouloir savoir.* Exemple : des parents, aidé·es par les médecins qui opèrent les intersexes, veulent savoir dans quelle case mettre le nouvel et singulier être humain qui vient de naître[2]. Vouloir savoir le sexe : pour l'état civil, pour les présentations à la famille, pour les conversations ordinaires, pour savoir *quoi faire.*

418. Les adultes s'irresponsabilisent : « c'est comma ça », « c'est la société qui veut ça », « bienvenue dans la vraie vie », etc. Ils n'assument que rarement les rapports de contrainte qu'ils imposent. Devenu·es incapables de répondre d'un lien avec le réel, ils n'ont pourtant que le mot « responsabilité » à la bouche... Mais à qui s'agit-il de répondre, exactement ?

419. Responsabiliser est une méthode de contrôle très efficace des parvenu·es : on vous donne un pouvoir, mais vous devrez désormais être responsables.

Grégoire Chamayou donne l'exemple suivant, avec le remplacement du système de verre consigné par le recyclage des

1. France Inter, *La série documentaire*, « La fabrique des médecins », décembre 2022.

2. Voir T. Hocquet, *Des sexes innombrables*, partie III, Paris, Seuil, 2016.

emballages à usage unique : « ce procédé de *responsabilisation* est devenu, dans de nombreux domaines, l'une des principales tactiques du "néolibéralisme éthique" contemporain. Sa fonction première est l'évitement de la régulation. Gouverner les conduites par l'activation des bonnes volontés, par la stimulation d'une participation volontaire plutôt que par la contrainte juridique. [...] Un art de gouverner autrui en le faisant se manager lui-même. Un art du gouvernement des autres, fondé sur l'activation, en eux, d'une faculté réfléchie de direction de soi-même – une autonomie dans l'hétéronomie »[1].

420. Le privilège, idéologiquement perçu comme valeur *enviable*, produit nécessairement : ou bien des configurations cyniques et odieuses (« il est normal que mes privilèges existent au détriment des autres, qui servent mes privilèges ») ou bien des configurations cajolatrices et absurdes (« je réclame pour tout le monde une part égale aux privilèges que je possède »).

421. L'abolition des privilèges n'est pas l'égal accès aux privilèges.

Il y a un piège à croire les privilèges désirables. Le privilège *fait envie* – ça n'a rien à voir ! – au sens où il s'inscrit dans la logique des rapports de pouvoirs. Vouloir des privilèges, c'est donc encore rester sous leur joug.

« En ajoutant au mot de droit celui de personne, le cri des opprimés descendrait plus bas encore que le ton de la revendication, il prendrait celui de l'envie. [...] À notre époque d'intelligence obscurcie, on ne fait aucune difficulté de réclamer pour tous une part égale aux privilèges, aux choses qui ont pour essence des privilèges. C'est une espèce de revendication à la fois absurde et basse ; absurde, parce que le privilège par définition est inégal ; basse, parce qu'il ne vaut pas d'être désiré. [...] Beaucoup de vérités indispensables et qui sauveraient les êtres humains ne sont pas dites par une cause de ce genre ; ceux qui pourraient les dire ne peuvent

1. G. Chamayou, *La Société ingouvernable. Une généalogie du libéralisme autoritaire*, Paris, La Fabrique, 2018, chap. 21, p. 199.

pas les formuler, ceux qui pourraient les formuler ne peuvent pas les dire. Le remède à ce mal serait un des problèmes pressants d'une véritable politique. »[1]

422. L'émancipation n'est pas une faveur : il n'y a donc pas d'égalité des puissances, il y a seulement des égalisé·es comme il y a des gracié·es : *depuis* un ordre qui condescend à se suspendre provisoirement ; en même temps : *pour* un ordre qui sort renforcé d'avoir élargi les ressources humaines susceptibles d'y aspirer.

423. « Tu es désormais notre égal·e » : quelles atrocités ont précédé ce verdict, tombé d'une voix autorisée à suspendre l'inégalité – comme on suspendrait une épée de Damoclès ?

424. Une réflexion soi-disant « critique », mais prise dans un faux problème imposé par des sachants ou des experts, a souvent cette caractéristique : elle cherche l'égalité au niveau des fins, et pas au niveau des moyens.

Elle veut l'égalité des pouvoirs – comme choses à obtenir –, et non l'égalité dans la puissance – comme devenir commun.

Un exemple de problématisation communiste est le refus de la charité ou de toute forme de solidarité, à savoir la redistribution comme *ré-partition* de la valeur capitaliste. Une telle résistance arrive trop tard, car elle accepte la *partition des ordres de pouvoirs*. Répartir, c'est arriver après les partitions des ordres – qui décident de ce qui vaut et ne vaut rien –, donc accepter de travailler dans le cadre des faux problèmes qu'ils imposent.

425. Devenir enfin « égal·e », c'est être provisoirement adoubé·e dans un ordonnancement auquel on n'a pas commencé à échapper. On y a simplement été placé·e plus haut.

426. Carla Lonzi suggère que l'« infériorisation », lorsqu'elle est incorporée émotionnellement, produit le dévoiement de l'émancipation en un « droit de faire partie du monde des

1. S. Weil, *La Personne et le sacré*, *op. cit.*, p. 56-57.

supérieurs »[1] : imitation de l'Homme comme modèle. « L'oppression ne se résout pas avec la justice de la rotation du pouvoir » : Lonzi rejette le féminisme comme critique victimisante qui vise à des réparations, ou bien à des réclamations de plus d'écoute de la part des hommes, car c'est encore un besoin de reconnaissance par ses supérieurs ; elle lui oppose la force affirmative d'auto-transformation.

C'est pourquoi les hommes ont eux aussi besoin de se libérer en conquérant leur propre désir de *transformation* – malgré les assignations dont ils jouissent.

427. Par rapport à quoi parlons-nous d'égalité ? À chaque fois, se demander : depuis quelle microscopique perspective sommes-nous en train de mesurer des existences ?

428. L'égalité est un cessez-le-feu dans l'ordre comptable du monde, une concession supplémentaire accordée par, *donc pour maintenir*, les rapports de pouvoirs.

Appât pour conforter les puissances meurtries, l'égalité est une vacance fragile dans l'enfer des inégalités, une effraction « magique » au sein des ordres qui partout demeurent et menacent.

1. C. Lonzi, *Taci, anzi parla. Diaro di una feminista*, « Lettres de 1974 », citées par E. Selvatico dans sa préface de C. Lonzi, *Crachons sur Hegel. Une révolution féministe*, Paris, Eterotopia, 2017, p. 23.

11.
POUR UNE PRATIQUE SANS OBLIGATION NI SANCTION

429. Sanctionner, c'est *réorienter* le sens de l'expérience : divertir d'une attention aux relations objectives – épreuve de la nécessité – pour attirer l'attention vers des rapports aléatoires – soumission à l'arbitraire d'une volonté qui s'impose à moi.

La sanction insère la transcendance dans l'agir et le réduit à un faire. Elle décorrèle l'effet de la cause, ce qui va rendre possibles l'illusion du libre arbitre et l'obsession des fins. Celles-ci pourront alors être fantasmées sans cohérence, sans accorder crédit aux moyens, tuant tout réalisme de l'agir.

Que la sanction soit positive (récompense) ou négative (punition), peu importe. La brutalité métaphysique consiste en la *déréalisation* même de la sanction, qui prive de toute expérience de la nécessité[1].

430. Refuser de parvenir permet de n'être exposé·e qu'aux sanctions immanentes. L'immanence, ce sont les effets, toujours des effets en fonction des relations qui nous tissent. S'il fallait employer le vocable de la sanction, celle-ci ne peut être qu'immanente, expression qui dit simplement : *il n'y pas de sanction, il n'y a que des conséquences*. Pour la pensée, pour le corps, pour notre milieu. Vivre, c'est traverser la vie à la boussole des effets de l'agir. Quand on tombe, ça peut faire mal, à partir d'une certaine hauteur : pas

1. Voir les analyses de Renaud Hétier, dans *La Liberté à corps perdu*, (Paris, Le Pommier, 2022) sur la perte du sens de la nécessité lorsque l'éducation devient exercice d'un rapport de pouvoirs parental ou professoral.

besoin d'être puni, pour apprendre ça. La place de la sanction dans l'éducation est à revoir entièrement.

431. La sanction est une *saturation* affective qui *prend le dessus* dans l'exercice de la puissance : si je saute dans une flaque d'eau, comptera moins la joie d'éprouver son corps mouillé et projetant de l'eau dans toutes les directions que la tristesse anticipée du non-amour parental, des réprimandes, voire de la gifle reçue.

432. Les empotenté·es sont récompensé·es de faire ce qu'ils et elles font, « aiment ça », et le *font savoir.*

Ce « faire savoir » n'est pas de l'ostentatoire accidentel, un supplément d'âme, c'est une charge de travail nécessaire, induite par le vide affectif des rapports de pouvoirs : le système de la récompense accule à un travail de Sisyphe qui consiste à compenser et re-compenser en permanence ce qui *n'a pas lieu.* Il s'agit, fondamentalement, d'un « faire croire » qui s'adresse aussi bien à soi-même qu'aux autres : faire croire aux autres pour réussir à se faire croire à soi-même qu'on fait bien de faire ce qu'on fait.

433. Les rapports de pouvoirs apportent des satisfactions : les régimes de pulsionnalité qu'ils créent forment le système des récompenses – indispensables pour maintenir les individus sous son emprise. Même le système de la punition est pulsionnel : jouissance d'y avoir échappé ou jouissance de voir châtier plus faible que soi.

D'où le caractère *enviable* des pouvoirs, car ces derniers créent les critères d'évaluation à leur avantage.

434. Pour justifier la contrainte des enfants, on prétend s'inquiéter : il ne faudrait surtout pas qu'ils soient « livrés à eux-mêmes ». Bienveillance des empotenté·es…

435. Identifier et sanctionner : telle est la généalogie du *faire.*

Version négative : surveiller et punir.

Version positive : bienveiller et récompenser.

436. Définition de la corruption : « détournement d'une interaction dans le but, pour le corrupteur, d'obtenir des prérogatives

particulières ou, pour le corrompu, d'obtenir une rétribution en échange de sa complaisance ».

Cela décrit parfaitement la motivation extrinsèque : je n'agis plus en fonction des conséquences normales de l'interaction, je fais ce qu'on me dit de faire en étant motivé par la perspective d'une récompense ou d'une punition « donnée » par l'autre. Littéralement, je suis mu par un *détournement*, au regard des effets objectifs de l'action envisagée.

L'éducation ainsi conçue est une systémique entreprise d'*habituation à la corruption.*

437. La nécessité a lieu, quoi qu'il arrive : l'enjeu est alors seulement d'apprendre à agir en son sein. Scruter les conséquences : *prendre la mesure* du monde et de moi-même au cœur de la relation qui nous tisse.

Chaque fois que je commence à lâcher cette boussole pour me fier à ce qui sectionne les liens, je cours le risque d'obéir à toute autre chose que ce que les expériences me racontent.

Chaque fois que je m'oblige, ai-je vraiment pris le temps de répondre à la question : quelles seraient les conséquences *sinon* ?

438. Le contrôle se fait par les s^{e}/$_{an}$ctions. Les rapports de pouvoirs opèrent en sectionnant la nécessité. Ils construisent des intermédiations artificielles et arbitraires dans la ligne immanente « cause-conséquence ». C'est le principe de la sanction transcendante : imposer des conséquences arbitraires en sectionnant l'attention sur les rapports *nécessaires* entre cause et effet. Impuissanté·e par la mauvaise rencontre qu'est un tel rapport de pouvoirs, je ne peux plus mesurer le monde et les effets que nous nous causons mutuellement.

L'illusion du libre arbitre naît de cette rupture de la chaîne causale de l'agir par la *sanction* éducatrice qui *sectionne* la relation immanente entre moyen et fin, donc oblitère le lien nécessaire entre causes et effets. On se croit libre au moment même où l'on n'a jamais été aussi impuissant·e.

439. L'un des corollaires du refus de parvenir est le souci de ne jamais admettre le moindre écart entre les moyens et les fins. C'est la *praxis* par excellence : une action dont les moyens sont à eux-mêmes leur propre fin.

C'est dans le rapport critique à la technique qu'on peut en voir les effets clarifiants : jamais des instruments techniques qui sont causes de notre oppression ne pourront être ré-orientés en instrument d'émancipation ! La naïveté technophile qui voudrait décorréler les moyens et les fins est aussi simple à réfuter qu'elle est difficile à admettre pour les techno-dépendant·es que nous sommes. Cette addiction à la délivrance était déjà soulignée, il y a un siècle, par Simone Weil : « l'homme ne peut parvenir à alléger le joug des nécessités naturelles sans alourdir d'autant celui de l'oppression sociale »[1].

440. Polarité des sanctions transcendantes :

Récompense = sanction positive = renforcement positif des comportements = pouvoir positif = obtenir de l'autre qu'il fasse (faire faire) = contraindre, provoquer

Punition, voire la simple absence de récompense = sanction négative = renforcement négatif des comportements = obtenir de l'autre qu'il ne fasse pas (faire ne pas faire) = interdire, empêcher

441. Chez Winnicott, la « déprivation d'amour » est la privation d'une chose bonne *à laquelle on avait accès auparavant.* La déprivation, comme instrument de pouvoir, est donc rendue possible par le *faire dépendre.* Cette emprise affective, que des parents bien intentionné·es peuvent confondre avec l'« amour », crée cette dépendance aux démonstrations d'affection (du parent, notamment, dans l'institution familiale majoritaire en Occident) en *conditionnant* chez l'enfant la perception de sa valeur.

Cet « amour » *conditionnel* fait croire que la valeur est substantielle : tu VAUX si tu ES comme ceci ou cela. Cette dépendance

1. S. Weil, *Réflexions sur les causes de la liberté et de l'oppression sociale*, Paris, Folio-Gallimard, 1998.

confère aux injonctions d'autrui leur pouvoir performatif : un être humain se met en activité, aux conditions imposées par un autre, pour obtenir sa légitimité d'exister en tant que « moi ». Un parent peut alors « obtenir tout ce qu'[ille] veut »[1] de son enfant ainsi conditionné·e.

442. Lorsque Spinoza insiste sur le fait que la vertu est à elle-même sa propre récompense, il abolit le concept même de récompense – dans son usage policier majoritaire. D'où la panique religieuse de ses correspondants concernant la question du jugement dernier : « comment va-t-on *tenir* les gens ? »[2].

Angoisse de l'empotenté·e : « comment les mettrons-nous en activité si nous ne pouvons plus les pré-occuper ? ».

443. La dynamique du désir est nécessairement dangereuse pour les ordres de pouvoirs, puisque ceux-ci consistent en la *fixation* du désir : l'arrêter (statique des sociétés disciplinaires : assignation identitaire) ou le canaliser (cinétique des sociétés de contrôle : enrôlement comportemental).

444. Comme le dit sobrement Alfie Kohn : frapper son enfant ou lui dire « je suis fier de toi » ne sont certes « pas la même chose », mais « elles reposent sur une même conception de l'éducation » comme « contrôle » et « contrainte à réussir »[3].

Même ce qui est apparemment le plus respectable dans ce continuum, à savoir le renforcement positif, est la constitution de l'autre comme moyen efficace pour « Moi ». Dans la parentalité, par exemple, le renforcement positif conduit à une conformation qui fait la *fierté* du parent. Tous les moyens sont bons (production chez l'enfant de stress, honte, hypervigilance, etc.) pour « extorquer » de « mon » enfant la récompense que je souhaite pour « Moi ».

1. Citation d'un parent dans A. Kohn, *Unconditionnal Parenting*, New York, Atria Books, 2005, chap. 2, p. 40.

2. Spinoza, *Correspondance*, « Lettre à Blyenbergh », 28 janvier 1665.

3. Sur le continuum du contrôle en éducation, voir A. Kohn, *Unconditionnal parenting*, New York, Atria Books, 2005, chapitres 3, 4 et 5.

Une fois de plus, on voit à l'œuvre la machine procédurale symétrique des rapports de pouvoirs : l'adulte vivant dans un monde de pouvoirs, donc de récompenses, utilise la récompense, auprès de l'enfant, pour se récompenser lui-même : fierté d'être un bon parent, sentiment de valoir dans le regard des autres parents, compétition indirecte par la comparaison des réussites scolaires, etc. C'est parce que l'empotenté·e ne sait jouir que dans la récompense qu'il ou elle a besoin d'instrumentaliser autrui par des récompenses : le délire de maîtrise contamine toute la chaîne d'action.

Le monde des fins est ainsi une machine à réduire autrui à un simple moyen : la fin imposée à l'autre sera le moyen de ma propre fin, et pour cela il faut que lui-même s'instrumentalise comme moyen pour atteindre cette fin que je lui impose. En résumé, c'est parce que je m'instrumentalise en permanence comme donneur d'ordres à moi-même que je ne sais plus que donner des ordres : à autrui aussi bien qu'à moi-même.

445. Mon père me gifle et veut que j'encaisse, « comme un vrai homme ». Il dit faire ça « pour mon bien »[1] : à la fois pour me désigner ce qu'il ne faut pas faire et pour m'endurcir. Chaque gifle fait de moi un sujet plus viril, *développé*, maître de ses émotions, capable de gouverner ses impulsions. Je peux encaisser des gifles, mais elles deviennent de moins en moins utiles. Double sentiment de victoire : rectitude conquise et loyauté récompensée. Mon père est fier de moi. Ma sujétion est complète lorsque, enfin, je crie ma liberté de sujet « autonome » : la loi de mon père, je m'en réclame, je la dis mienne. J'aime me donner « moi-même » des lois.

446. À force de croire dans les sanctions plus que dans les compositions de rapports, c'est-à-dire plus dans les volontés que dans les relations, je me livre corps et âme aux *intentions d'autrui* – et bientôt aux miennes.

1. Sur l'histoire de la « pédagogie noire », voir A. Miller, *C'est pour ton bien. Racines de la violence dans l'éducation de l'enfant* [1980], Champs-Flammarion, 2015.

447. On peut étendre le concept de *dirty care* créé par Elsa Dorlin dans son dernier chapitre de : *Se Défendre. Une philosophie de la violence.*

Devoir observer l'autre, apprendre qui c'est, y prêter attention, non par amour débordant et désir de soin, mais par nécessité de survie, c'est être acculé·e à une surveillance de soi, une vigilance de tous les instants *à cause des intentions d'autrui* – dont l'expérience nous apprend qu'elles peuvent être hostiles, sans raison et en toute impunité, à cause d'un ordre de pouvoirs consensuellement accepté.

Nouvelle généalogie introjective des rapports de pouvoirs : les intentions d'autrui produisent un rapport intentionnel en soi, qui induira une *désattention* à soi.

Les analyses de Dorlin, conçue depuis le rapport social de sexe, sont heuristiques pour comprendre ce qu'il se passe dans l'exercice du pouvoir éducatif. En effet, combien de fois un·e enfant est rivé·e à devoir décoder les intentions de l'adulte, trop souvent arbitraires donc imprévisibles. Cette attention forcée, ce *dirty care*, est l'apprentissage d'une forme de contre-pouvoir : l'enfant essaiera de plaire, de convenir, ou bien basculera dans la haine afin d'échapper comme il peut à des comportements qui lui nuisent.

448. Nul ne saurait vouloir être trompé. « Personne ne consent de son plein gré à être trompé [...] mais au contraire on craint par-dessus tout d'y introduire le mensonge. [...] Ce que chacun accepte le moins c'est d'être trompé en son âme, d'être privé de connaissance et par là de posséder et de conserver la fausseté »[1]. Le vrai mensonge, si l'on peut dire, la tromperie, suppose non pas la connaissance du vrai chez le menteur, mais au contraire son ignorance, la privation de connaissance (*amathia*). « Car tromper, et ce même délibérément, revient à se tromper soi-même et donc à être trompé, de la même façon que commettre une injustice revient, avant toutes choses, à se causer à soi-même du tort. »[2] Le sujet de

1. Platon, *République*, II, 382a7-b5.

2. L. Monteils-Laeng, « Mensonge et duperie de soi chez Platon », *Revue philosophique de la France et de l'étranger*, vol. 143, no. 3, 2018, p. 345-356.

la tromperie en est aussi l'objet. Toujours ce pronominal qui s'est immiscé insidieusement : tromper = *se* tromper.

449. Le vieux dilemme qui consiste à se demander si les gens de droite sont bêtes ou cyniques[1], c'est-à-dire s'ils se comportent comme ils le font par ignorance ou par mensonge (qui suppose de savoir le vrai, donc de ne pas être ignorant), est un faux dilemme. Si on comprend bien la thèse selon laquelle « nul n'est méchant volontairement », il est clair que le mensonge ne suppose pas la connaissance du vrai : le menteur dit le faux en *s'imaginant* pouvoir dire le vrai, et cette croyance est une opinion fausse qui intensifie l'ignorance en stoppant le désir d'apprendre. Les empotenté·es ne sont pas ou bien bêtes ou bien cyniques, mais sont les deux : ils et elles *deviennent cyniques par bêtise*, croyant savoir et pouvoir duper les autres depuis leur possession de « la vérité ».

450. Se méfier des adjectifs substantivés dans la *désignation* des problèmes, car ils ne sont cause de rien – ne correspondant à aucune substance, alors qu'ils le laissent croire.

Il n'y a pas « les riches », pas de « violence des riches », il y a la violence du capital.

Il n'y a pas « les pauvres », il y a des situations d'exploitation.

À la rigueur, les adjectifs participes[2] peuvent désigner de vrais problèmes, s'ils expriment des rapports, et non des substances. « Exploité·e » = « en situation d'exploitation » ; « handicapé·es » = « en situation handicapante ».

451. Illusion ontologique : les pouvoirs étant des rapports, ils prédiqueraient les individus. « Le mâle est fort ». En réalité, ce dernier ne fait qu'occuper une place avec des fortifications – dont il bénéficie.

1. Qu'on se posait dès l'égyptologie du XVIIIe siècle, à propos des scribes égyptiens narrant les vertus des pharaons et leur bonté envers le peuple. Voir P. Tort, *Marx et le problème de l'idéologie*, Paris, Puf, 1988.

2. Il s'agit d'adjectifs construits sur la base d'un verbe au participe passé : exploité·e, silencié·e, infantilisé·e, etc.

452. La claque fut un moyen coercitif efficace pour asservir le genre humain. Les adultes claquèrent autant que possible les enfants. Appelons ce mode d'organisation sociale des rapports humains le « claquisme ».

Passés plusieurs siècles, redevenu·es capables d'imaginer qu'on puisse faire autrement, des éducateurices « révolutionnaires » se sont insurgé·es contre la claque. Elles et ils se sont donc défini·es « anticlaquistes ». Ça ne disait pas grand-chose de leur désir, sinon celui de mettre un terme aux claques. Certes, avec le recul, ça paraît de bon sens. Mais quel était donc, *positivement*, leur désir ?

453. Négativité de l'anti. Demi-positivité de l'alter. Radicalité du pour.

12.
RÉARMER NOS MOYENS POUR EN FINIR AVEC LA DÉMUNITION

454. « Pour moi, je n'ai jamais su, je ne saurai jamais comprendre ces classifications, ces distinctions subtiles et métaphysiques, au moyen desquelles on veut diviser l'humanité en série d'ordres, de classes, de genres. Je me défie, et pour bonnes causes, des catégories. »[1]

455. « L'oppression matérielle par les discours »[2] : c'est le quotidien des rapports de pouvoirs, qui « contrefont » les corps et les esprits dont ils prétendent ensuite que leur « nature » est *tarée* – justifiant alors toutes les intrusions à vocation *corrective*.

Toujours cette manière performative de nous la faire à l'envers : imposer un faux problème puis prétendre être indispensable pour le résoudre.

456. Un enfant advient au monde : miracle des puissances de la vie. Quelle folie faut-il pour que cet évènement suscite le problème politique suivant chez les adultes : « comment limiter cette puissance ? »[3].

Les empotenté·es s'inquiètent de limiter ou d'être limité·es : c'est à méditer sur notre manière de conceptualiser l'écocide. (« Comment bien gérer les ressources limitées de notre planète ? » ; « Faut-il continuer à faire des enfants ? »)

1. C. Démar, *Appel d'une femme au peuple sur l'affranchissement de la femme* [1833], Paris, Payot, 2001.

2. M. Wittig, *La Pensée straight*, Paris, Amsterdam, 2018.

3. C'est la question pédophobe d'Hannah Ardent dans « La crise de l'éducation », repris dans *La Crise de la culture*. Voir S. Charbonnier, *La Fabrique de l'enfance*, *op. cit.*

457. Soumission typique aux faux problèmes : accepter la répartition normative (en bien et mal) au sein des ordres fixés par les rapports de pouvoirs.

Surveiller : malveillance, bienveillance ; traiter : maltraiter, traiter bien ; gérer : mauvaise gestion, bonne gestion ; sanctionner : punir, récompenser ; redistribuer : charité individuelle « libre », fiscalité collective « obligatoire ».

Tant qu'on demeure pris.es dans un faux problème, *on reste en dehors du sens* : un débat sur les solutions silencie les vrais problèmes.

458. Après avoir vertement critiqué le projet de taxe carbone qui « cible indifféremment pauvres et riches » (critique de la non-proportionnalité de la taxe, comme peut l'être la TVA, par exemple), Corinne Morel-Darleux propose ceci en guise de correction : « C'est pourquoi nous défendons l'idée de la gratuité des premières tranches de consommation d'eau et d'énergie, financée par le renchérissement du mésusage des tranches supérieures »[1]. Ce serait là une « mesure porteuse de justice sociale », suggère-t-elle. Financer le désirable par des « mésusages » : scission pure entre moyen et fin.

Comment ne pas voir qu'il y a ici un emprisonnement conceptuel de l'idée d'émancipation dans la logique des rapports de pouvoirs ! La taxation signifie toujours une approbation. Comme stratégie collective, elle est l'affirmation que nous décidons de prendre pour moyens les fruits de la taxe, nous la faisons « opérative ». Il faut être clair : cela revient à faire de la violence des riches notre moyen d'action. Penser ainsi est le syndrome d'une fixation de l'imaginaire par la violence première du pouvoir éducatif : *faire dépendre*. Quelle idée piégeuse que celle de se rendre dépendant de ce que l'on honnit !

1. C. Morel-Darleux, *Nos colères fleuriront (2)*, Paris, Éditions Bruno Leprince, 2012, p. 62. Corinne Morel-Darleux est l'une des rares contemporain·es à avoir fait un usage libre et actuel du concept de « refus de parvenir » dans son beau texte *Plutôt couler en beauté que flotter sans grâce*. C'est pour cela que j'ai pris un exemple sous sa plume, pour montrer les restes de concession qui résistent.

Nous pensons encore avec les outils du maître alors que nous prétendons brûler sa maison, des outils qui ont été conçus et façonnés pour sa maison à lui, pour la rendre plus grande, plus résiliente aux aléas des résistances.

459. Taxer, c'est approuver. La taxation est l'exemple paradigmatique de la réappropriation de l'outil du maître – l'un de ses plus importants, même. C'est le type même du pouvoir complice : par exemple, taxer les riches, c'est approuver le rapport social qui leur permet de s'enrichir ainsi – c'est dire « oui » au capital.

460. « La question de l'avenir de la révolution est une mauvaise question, parce que tant qu'on la pose, il y a autant de gens qui ne *deviennent* pas révolutionnaires, et qu'elle est précisément faite pour cela, empêcher la question du devenir-révolutionnaire des gens, à tout niveau, à chaque endroit »[1].

461. On peut être soumise à un mari qui, si l'on joue bien son rôle, nous pourvoira en pouvoir d'achat.

Il est donc crucial de différencier l'*activité de subsistance* du travail domestique de consommation et de transformation des produits achetés. Cette différence est une conséquence de la « *housewifization* » de la société capitaliste, où les femmes bourgeoises blanches sont imaginées en « fées du logis romantiques » qui n'assument plus un rôle de subsistance, mais de seul enchantement du foyer par « bonne » gestion du pouvoir consumériste.

Peut-être pourrait-on distinguer ici la domestication et l'oppression d'après ce critère : la première serait une docilisation qui récompense par des contre-pouvoirs concédés par le maître, la seconde serait une exploitation sans contrepartie.

462. Le citoyennisme est un paternalisme raté, parce que privé des effets d'autorité des rapports de pouvoirs. C'est une croyance dans les bénéfices à attendre de la gouvernance éclairée,

1. G. Deleuze, *Dialogues*, IV, Paris, Champs-Flammarion, 1979, p. 176.

imposable par des contre-pouvoirs. Ayant renoncé à l'action politique, le citoyennisme n'est que de la *diction* politique : il parle la langue des empotenté·es, mais sans pouvoir en produire les effets performatifs. Le citoyennisme « revendique » et ne peut que s'avouer vaincu car il cherche à faire comme son oppresseur – dont il prend, en fait, le parti, tout en se racontant le contraire. Le citoyennisme est donc nécessairement un parti pris de la défaite, car il est dualiste : il ne sait pas ce qu'est l'éducation et croit que la *prise de conscience* théorique vaut transformations pratiques, car il voudrait faire comme l'oppresseur : se servir des mots comme d'outils de pouvoirs.

463. La tristesse est une *démunition* : je suis démuni·e, je n'ai plus aucune munition.

Mais de quoi alors faudrait-il se prémunir ? Et de quoi devrais-je me munir pour ne plus voir ma puissance *accaparée en mode défense* – définition de la tristesse ?

464. Ne pas laisser passer une blague sexiste dans un repas de famille, puis observer les plaintes des hommes (« on ne peut plus rien dire »), parfois la complicité des femmes (« laisse ton père tranquille, tu sais bien comment il est ») : « vous avez créé un problème en déclarant problématique ce qui vient d'être dit. Vous devenez le problème que vous avez créé »[1].

Cette sanction immanente est un repère fiable : rarement la joie véritable est supportable pour ceux et celles qui l'ont troquée pour des simulacres.

La joie pure de la puissance d'agir traque toutes les fausses joies rapportées des ordres de pouvoirs : pleutres, rivales, mesquines, compensatoires, méprisantes, etc.[2]. Ce n'est pas un but, c'est une conséquence inévitable : faire naître les vrais problèmes est mortel (« *killjoys* ») pour tout ce qui se ment à soi-même.

1. S. Ahmed, « Les rabat-joie féministes (*Feminist Killjoys*) », *Cahiers du genre*, n° 53, 2012, p. 77-98.

2. Précision cruciale chez Spinoza, *Éthique*, IV, 43-45.

465. La joie provient du latin *laetus*, qui signifie proprement « fertile », en parlant des plantes et des animaux. La joie ne se possède pas, elle passe comme quelque chose de relatif, d'éphémère, elle est le repère affectif qu'il y a apprentissage, voyage, transformation en train de se faire.

La joie est donc un « passage », comme y insiste Spinoza à deux reprises dans sa définition. Ce qui compte dans la joie, ce n'est pas d'être un *état* émotionnel agréable, c'est d'être un moyen fiable de s'orienter dans l'existence : signe qu'il y a *passage vers* une plus grande perfection.

466. Les définitions de la joie comme augmentation de la puissance d'agir, et de la tristesse comme diminution de la puissance d'agir, ne conviennent pas.

Spinoza emploie deux formules : « augmente ou diminue », puis « favorise ou empêche ». La seconde est plus juste. Il explicite d'ailleurs la joie, dans le scolie, par l'expression « passer (*transit*) à une perfection plus grande »[1]. Le caractère impersonnel de la formule est plus exact pour nous rappeler que la puissance ne saurait être pensée comme un attribut du moi. C'est l'expérience d'un passage et non l'opportunité d'une accumulation de puissance – en *avoir* plus.

Si nous parlons d'augmentation et de diminution, notre imaginaire restera conditionné par l'idée émanatiste : comme si nous disposions d'un stock variable de puissance *privée* en nous – une sorte de monnaie ontologique. La joie nous permettrait d'en avoir plus, la tristesse nous en ferait perdre. Cela revient à réintroduire de la transcendance à même le devenir, avec l'idée que le réel manque de quelque chose : du coup, on aurait *envie d'avoir plus* de puissance.

Il est bien plus exact de définir la joie comme le *déploiement* de la puissance d'agir, c'est-à-dire un agencement qui permet la plus grande circulation possible de désir.

1. Spinoza, *Éthique*, III, 11, scolie.

Par opposition, la tristesse est un *accaparement* de la puissance d'agir, c'est-à-dire la nécessité d'allouer une partie de la puissance à bloquer certains flux de captation du désir – en mode défense – parce qu'ils nous décomposent.

467. Joie simple de n'avoir plus à contrer : activité énergivore nécessitée par les rapports de pouvoirs.

Aussi paradoxal que ça puisse paraître, *fermer la porte* peut offrir une disponibilité pour le déploiement de la puissance[1].

Ne plus avoir à subir les intrusions permanentes des rapports de pouvoirs et, enfin, relationner sans peur : se lire des poèmes, rire, pleurer, raconter nos vulnérabilités, juste s'écouter ou se dire qu'on s'aime.

468. Les rapports de pouvoirs veulent nous faire parler : aveux, gages de bonnes intentions, preuves des efforts fournis, devoir d'exemplarité.

La question « d'où tu parles ? » doit échapper à la demande policière de « rendre des comptes ». Il est nécessaire, joyeux et si doux de baisser les armes *parce qu*'on s'est *construit* un milieu où c'est possible. Un lieu où il n'y a plus à répondre : répondre aux injonctions, répondre de soi.

Cette production d'une forme politique de l'« entre soi » est-elle inconséquente avec le désir d'œuvrer en commun pour des communs ? Au contraire, c'est la principale force structurante de l'anarchisme : un soin méticuleux accordé au plan d'immanence[2]. Le refus de parvenir défend et valorise la puissance d'agir, intensité qui ne peut s'exprimer que par un tel refus, car les intensités n'insistent qu'en se composant et se recomposant, ce qui suppose l'aperception distincte de ce à qu'on doit échapper – la décomposition.

Or, refuser, c'est précisément empêcher l'intrusion d'un *Soi*. Que ce « Soi » soit « Toi » ou « Moi », qu'importe : je ne veux pas du commandement d'un Maître, ni extérieur, ni intérieur.

1. Voir L. Yousfi, *Rester barbare*, *op. cit.*, p. 27-54.
2. Au sens pratique et actif de « en prendre soin », dans un quotidien politique.

Construire l'entre soi, c'est justement la ligne d'échappée qui fleure bon la joie.

Construire l'entre soi pour rester *au milieu*, échapper aux instances polarisées qui me réclament – pour ne plus être ce petit enfant qui devrait dire qui de ses deux parents il préfère.

Construire l'entre soi pour surtout ne pas devenir ce que les ordres attendent de « moi ».

Construire l'entre soi pour ne pas que nous devenions une collection de petits « moi » (se) donnant des ordres.

469. L'entre soi des empotenté·es est d'exclusion depuis un marquage de territoires et de places : en être ou ne pas en être. Leur panique, c'est de perdre le contrôle : ils et elles suscitent ainsi des connivences par l'évidence, afin de s'organiser, mais à des fins d'empêchement – paradigme du *panopticon* : vous n'aurez jamais droit au secret.

Cela n'a rien à voir avec la nécessité secrète de l'entre soi des puissances d'agir, enfin à l'abri de tout geste intrusif, se déployant parce que non-accaparées. *Rester barbare* : ne plus avoir à devoir répondre d'une image imposée, se fiche d'être exemplaire par un comportement attendu, etc.

470. Comme est compréhensible le refus de certaines féministes de se coltiner la rééducation des hommes sexistes.

La « bonne volonté » des empotenté·es est un piège : « apprenez-nous, on veut bien progresser. » Mais dans vos rêves ! Le refus de faire de la pédagogie est, tout simplement, un refus de travailler au service des empotenté·es.

« Faire de la pédagogie » : cette activité insupportable que certain·es ont l'habitude d'exercer « pour le bien des autres ». Et se prenant pour des modèles, comme souvent, ils et elles voudraient qu'on les imite.

13.
LA FASCINATION POUR LES PLACES DE POUVOIRS

471. Le mystère de l'efficacité des rapports de pouvoirs s'exprime par cette question de Freud : « Par quel motif et par quelle voie peut-on adopter une attitude aussi désavantageuse à l'égard de la vie ? »[1].

472. Mettre à bas imaginairement les parts empotentées en nous : montrer leur petitesse et leur impuissance un peu minables ; affirmer en même temps leur nullité vitale et leur nocivité intégrale ; cesser de fantasmer sur ces formes de vie.

473. Refuser de parvenir : non pas pour être contre-le-pouvoir, mais *pour* décrire sans fard ce qui se joue lorsqu'on accepte de jouer le jeu des rapports de pouvoirs.

Rapports sans doute nécessaires, a minima, pour faire société et faciliter certaines relations en vue de fluidifier politiquement l'organisation sociale. Mais à quel prix et jusqu'où ?

Agissons en connaissance de cause.

474. Comment diminuer au maximum cet effet d'autorité produit par les rapports de pouvoirs, si bien décrit par Jeanne Favret-Saada : « comme à n'importe quel locuteur, c'est à un *sujet supposé pouvoir* (un sorcier, un désenvoûteur), *ou ne pas pouvoir* (une victime, un ensorcelé) qu'on s'adresse lorsqu'on parle »[2] ?

1. S. Freud, *Introduction à la psychanalyse* [1917], Paris, Payot, 2021.
2. J. Favret-Saada, *Les Mots, la mort, les sorts*, Paris, Gallimard, 1977, 1re partie, I, 3.

475. S'exercer à briser toute évidence quant à ce qu'il est possible d'accepter ou de refuser. Les rapports de pouvoirs ne vont jamais de soi : raison pour laquelle leur structuration ne cesse de produire artificiellement des sentiments d'évidence. Les rapports de pouvoirs compensent affectivement leur infondement.

476. Rendre misérables les ordres de pouvoirs est sans doute le meilleur chemin pour les rendre inoffensifs. Comprendre leur faiblesse intrinsèque et les terreurs continuelles dont, et dans lesquelles, ils vivent : pour ne pas nous mettre, à notre tour, à partager cette illusion mortelle qu'ils auraient un quelconque intérêt. Que ce soit pour y obéir ou en jouir, ou les deux.

477. Plus on comprend les ordres de pouvoirs, moins ils peuvent nous atteindre, car ils cessent de nous fasciner. La perception de leur tristesse permet de les détruire comme modèles. Il faut exercer son empathie jusqu'au point d'une compréhension totale de leur faiblesse – esprit et corps critiques.

478. Un des grands films sur la misère des rapports de pouvoirs est sans conteste Citizen Kane, que sa figure inspiratrice, William Randolph Hearst, a détesté. On y découvre que le secret des empotenté·es, c'est de vouloir être aimé·e. « Dans les termes d'aujourd'hui, on dira que les hommes de pouvoir sont en recherche d'attention : ils veulent toujours que les autres les craignent, ils veulent toujours qu'on pense à eux. »[1].

479. Briser la fascination, afin de retrouver le sens de la puissance : une « capacité musculaire de réaction », comme dit Sandra Lucbert en écho à Franz Fanon.

480. Pourquoi vouloir saper la fascination pour les ordres de pouvoirs ? Parce qu'ils perdurent si et seulement s'ils sont rendus enviables par notre éducation. Leur brutalité terrorise psychiquement au point de nous faire imiter la méthode de nos

1. P. Thiellement, « Citizen Kane », analyse du film publiée le 6 novembre 2022 sur Blast.fr.

bourreaux : la préférence pour les solutions, les normes, les recettes, les conseils, les « trucs qui marchent », etc.

La puissance s'exprime par les problèmes, c'est-à-dire les expériences renouvelées d'inquiétudes joyeuses, les rencontres qui donnent à penser, la vie elle-même : tout ce que les rapports de pouvoirs vont nous empêcher d'expérimenter en nous fatiguant par avance.

481. Les empotenté·es imposent leurs pulsions comme naturelles et inévitables : manière terriblement efficace de contraindre, comme on peut le voir avec l'hétérosexualité[1].

482. Pulsionnalité des pouvoirs. Les pulsions n'ont rien de naturel : Alice Miller a raison de pourfendre Freud d'avoir naturalisé les pulsions et quasiment rendu « coupables » les enfants. La pulsion est une réponse contractée, *compensatoire*, face à l'incompréhensible attitude des empotenté·es. D'où la propension à devenir soi-même empotenté·es : faute d'affronter la vérité nue du non-amour, on devient soi-même un être pulsionnel trouvant chez les autres des « *ressources* » rapportables, au risque de devenir incapable de rencontrer. Les rapports de pouvoirs condamnent à la solitude.

483. Le drame de l'amour conditionnel : perdurer à nos places assignées, c'est perdurer dans la solitude de son enfance, dans ce lieu vide de l'obéissance-pour-survivre. Le mépris, comme vide perceptif, rejoue le chagrin de n'avoir pas été perçu·e, c'est-à-dire de n'avoir été que *re-connu·e* pour des qualités attendu·es – performances, codes de beauté, gentillesse, etc.

484. Les rapports de pouvoirs façonnent des régimes de pulsionnalité. L'injonction à jouir devient alors aisément majoritaire dans un monde qui *promet* des récompenses.

1. Voir le beau texte d'A. Rich, « La contrainte à l'hétérosexualité », dans *La Contrainte à l'hétérosexualité et autres essais*, Genève, Mamamélis, 2010, p. 76-81.

Politiquement, la lutte concerne toujours la *forme* des relations que nous vivons, et non leur contenu : toujours demeurer vigilant face aux *dictées*, qui sont toujours des « faire comme ».

Ainsi, Deligny se méfie chaque fois qu'est accolé un « pour » à « agir » : « Cet "agir pour jouir" me paraît pour le moins suspect. Serais-je prude ? Loin de là, mais je sais à quel point le mot tue la chose, le langage étant porteur d'un juridisme latent qui va faire clamer le "droit à", d'où découlent des devoirs, et nous revoici dans la morale [...]. Ce qui m'étonne souvent, c'est le moralisme abusif des gens qui se veulent révolutionnaires. Que le moralisme dicte qu'il faut que les époux soient fidèles l'un à l'autre ou qu'il dicte le contraire, l'échange des femmes ou je ne sais quoi, c'est un "il faut" qui est édicté : voilà commet il faut faire, voilà comment il faut vivre. »[1]

485. La ligne de front des rapports de pouvoirs est la *pulsionnalité* qui veut *jouir*, réussit ou échoue dans sa quête d'orgastes, et voit la vie comme une succession d'acmés – autant de décharges d'une tension accumulée et insupportable pour le corps[2].

Tout autres sont les lignes de fuite de la puissance d'agir : désir, joie, orgasme. L'orgasme n'a ni début ni fin – il trame des vies ouvertes à l'ailleurs.

486. La puissance est orgasmique : chemin aux débuts flous, sans terme, manière de planer dans le plein déploiement de ce qui nous traverse. Cela n'a rien à voir avec l'*orgaste*, qu'on nomme souvent trompeusement « orgasme », si vanté dans nos sociétés de l'empotentement : atteindre un but, un climax, un sommet de jouissance. Cette appétence de la pulsionnalité pour un *maximum* est encore une manière de mettre les fins au premier plan, de vivre pour des intentions.

1. F. Deligny, *Le croire et le craindre*, dans *Œuvres*, Paris, Éditions L'Arachnéen, 2007, p. 1178-1179.

2. Sur le mécanisme physiologique de l'orgaste comme réflexe, qui n'a rien à voir avec l'orgasme, voir les travaux de sexologie – même en cas de viol. Sur l'injonction médiatique à jouir, voir N. Vanspranghe, « Quand la presse féminine s'empare de l'orgasme féminin », *Effeuillage*, vol. 4, n° 1, 2015, p. 48-53.

C'est pourquoi le taoïsme sexuel ne cesse de fustiger la confusion, chez les hommes, entre l'éjaculation (symptôme physiologique de l'orgaste) et l'orgasme, suggérant que la puissance est ailleurs – cheminement qui commence par abandonner toute intention et toute maîtrise.

487. Vérité rude de la pratique : les rythmes lents sont nécessaires à l'expérience de la puissance. On est à l'antipode de la satisfaction immédiate des régimes de pulsionnalité – qui cherchent des « satisfactions ».

Réciproquement, la perspective de puissance rend désirable la lenteur : elle nous plonge dans les délices de la durée. Certaines écritures philosophiques, notamment celle de Wittgenstein, assument ainsi de « ralentir le rythme de la lecture ». Ce dernier avait même pour devise de vie : « prends ton temps »[1].

488. On fait souvent un mauvais procès à l'apprentissage : « c'est lent et long... » Or, ce ne sont pas les problèmes qui sont fatigants, c'est le pouvoir qui nous a suffisamment fatigué·es pour que nous n'ayons plus le désir de les parcourir, de les traverser, de nous y perdre dans les joies de l'errance et de la dérive.

489. Les ordres de pouvoirs doivent empêcher toute expérimentation sociale ou politique, car cela risquerait de révéler leurs mensonges – qui passent à côté de la vie elle-même comme errance et tissu d'expériences.

Les empotenté·es ne supporteraient pas qu'on essaie, simplement – ne serait-ce que pour voir ce que ça fait. Ils et elles ont la trouille qu'on se rende compte à quel point il est plus joyeux d'agir autrement que ce qu'ils et elles nous imposent de faire. Dès lors, ils et elles s'époumonent à prévenir, dissuader, décourager : prétextant leur expertise et leur bonne intention pour nous imposer leur empêchement.

490. Les ordres de pouvoirs produisent des effets en racontant des histoires. Le *storytelling* est un accaparement des énergies en

1. Voir les analyses de R. Shusterman, *Conscience du corps. Pour une soma-esthétiques*, IV, 5, Paris, Éditions de l'éclat, 2007, p. 180-182.

vue de « faire faire » : faire peur, faire acheter, faire se lever, faire douter de sa valeur, faire voter, faire envier, faire travailler, faire jouir, etc.

491. « Il n'y a pas à ravir à l'ennemi un quelconque "soutien de la population" ni même sa passivité complaisante : il faut faire en sorte qu'il *n'y ait plus de population.* La population n'a jamais été l'objet du gouvernement sans être d'abord son *produit*; elle cesse d'exister en tant que telle dès qu'elle cesse d'être gouvernable. »[1]

492. Le refus de parvenir est un abandon du « préjugé gouvernemental », omniprésent dans l'imaginaire occidental.

Il relève d'un extrémisme de la vigilance rationnelle, permettant le plein déploiement de la puissance d'agir. Or, les formes de vies joyeuses relèvent du « non-gouvernable »[2]. Aucune moralité ici, du type : « gouverner c'est mal ». Il ne s'agit pas d'être « ingouvernable », c'est-à-dire d'accepter, encore, de jouer aux jeux des maîtres, pour tenter de les battre avec leurs propres règles. Gouverner la puissance est simplement *impossible.*

493. Ce qui est le plus précieux échappera toujours aux rapports de pouvoirs, par définition, puisque la fonction des rapports est de tuer ce qu'il y a de vivant dans les relations : leur puissance d'insertion dans un milieu.

La joie relève du non-gouvernable. C'est la nouvelle la plus joyeuse du monde : le plus précieux ne peut qu'échapper, en réalité, au préjugé gouvernemental. Le problème n'est donc pas de s'efforcer, pour devenir meilleur·es aux jeux du maître afin de le battre (être ingouvernable); mais de lui échapper : reconstruire depuis les normes immanentes de nos puissances d'agir et de leurs compositions.

494. « On veut nous faire croire que des gens qui ont perdu l'habitude de lutter pour eux-mêmes en tant qu'individus, qui ont

1. Comité invisible, *À nos amis*, *op. cit.*, p. 162.

2. Sur l'opposition entre ingouvernable et non-gouvernable, voir C. Malabou, *Au voleur! Anatchisme et philosophie*, Paris, Puf, 2022, chap. II; notamment, p. 51-54.

accepté toutes les injustices en attendant que leur parti acquière la majorité ; que ces individus vont tout à coup se métamorphoser en véritables “bombes humaines”, rien qu’en entassant leurs bulletins dans les urnes ! »[1]

495. La théâtralisation du refus peut prendre la forme exhibitionniste de la paresse : ne serait-ce que pour agacer les donneurs d’ordre.

496. La douceur est la part sensuelle de la puissance. Force insaisissable, échappant l’injustice, la douceur dérange car elle n’offre aucune prise aux rapports de pouvoirs.

497. Il y a une justesse physiologique de la paresse : elle compose les relations du corps humain avec la double exigence révolutionnaire, qui est d’agir *ensemble* et *dans la durée.* Or, le partage et la patience ne sont jamais possibles tant que nous nous acharnerons à faire faire à d’autres ou à faire à leur place.

C’est pourquoi la paresse est un affect révolutionnaire : elle s’oppose frontalement aux rapports de pouvoirs.

498. Se reposer, c’est aussi se repositionner : préparer l’élan depuis les bons milieux.

499. Agir politiquement suppose de disposer de son temps, premier réquisit de la puissance d’agir qui s’exerce dans la durée. Car le déploiement de la puissance d’agir est toujours lent, *relativement* aux injonctions.

500. L’énergie croît des semailles de la paresse : les gestes sûrs et inarrêtables naissent dans les brasiers du repos.

501. Le Savoir est le petit paradis que toute notre éducation nous apprend à viser et à espérer : premier conditionnement aux rapports de pouvoirs. L’équation « savoir = pouvoir » tient tout entière dans ce mépris pour l’apprendre comme déploiement des moyens de la puissance *dans le temps.*

1. V. de Cleyre, *De l’action directe*, traduit dans *Écrits d’une insoumise*, Montréal (Québec), Lux, 2018.

502. Les idéologies de la libération, du progrès, du développement ont ceci de commun : il s'agit toujours d'écraser le devenir de la puissance par un *but*, linéaire et ordonné.

503. La perspective de puissance suit la grande leçon du pragmatisme : les expériences ne valent que pour les expériences nouvelles qu'elles rendent possibles.

C'est la beauté de la nécessité : expérimenter du possible rend *nécessairement* possible d'autres possibles.

504. Dans la perspective de puissance, il ne saurait y avoir d'héritages – qui n'ont d'autre forme que celle des mots d'ordres : hériter d'une culture légitime ou d'une propriété foncière ne tient que par la scolarisation ou la cadastralisation.

505. L'empotenté·e n'a pas besoin d'exercer une quelconque puissance contre qui que ce soit, car les représentations des opprimé·es suffisent à les affaiblir considérablement. Et quand bien même il y aurait affrontement entre puissances, le déséquilibre est rendu structurel par les rapports de pouvoirs. Dit autrement, les opprimé·es ne se défendent pas véritablement, ou du moins pas à la hauteur d'une pleine disponibilité de leur puissance d'agir – que ce soit sous la forme de la joie militante ou de l'autodéfense[1].

Prenons l'exemple de la domination adulte : l'expérience radicale de « *care* négatif » vécue pendant l'enfance laisse des traces fortes qui prennent la forme de la sidération, de la honte, de la dépendance affective, de l'incapacité à résister, du renoncement à s'organiser, etc. Tout cela est bien le produit d'un mode d'organisation et d'institutions contingentes qui permettent aux empotenté·es de ne même pas avoir à exercer leur force pour contraindre.

506. L'empotenté·e ne peut pas se permettre de se détendre : toujours devoir être sur ses gardes et veiller au maintien des ordres. « On n'a jamais mis un régime par terre parce qu'il commettait des abus. On met un régime par terre parce qu'il se détend. »[2]

1. Voir C. Bergman et N. Montgomery, *La Joie militante*, *op. cit.* ; E. Dorlin, *Se défendre. Une philosophie de la violence*, *op. cit.*

2. C. Péguy, *Clio* [1912], Paris, Gallimard, 1932.

507. Il y a une forme de vie intolérable entre toutes, vis-à-vis de laquelle il est difficile de s'ôter de la tête qu'elle est « le plus bas degré de la puissance ». Cette forme de vie n'est autre que la prétention à l'hégémonie, une inquiétante volonté de possession de l'universel *qui conduit à dicter des ordres*. Or, cette aspiration *se réalise* : les empotenté·es arrivent à leurs fins et façonnent, *de facto*, une hégémonie culturelle : la seule qui vaille à leurs yeux.

D'où ce paradoxe : le pluralisme passe par une lutte politique pour en finir avec tout système d'ordres. Ce qui revient à exclure au moins une « manière de faire des mondes », à savoir la manière principale, toxique, celle du pouvoir : *se rapporter au monde* – en croyant qu'il est *pré-existant* donc unique.

508. La critique de l'hégémonie culturelle implique le fait de « ne pas tolérer n'importe quoi » et une rage à l'encontre « des indifférent·es ». Le personnage conceptuel de l'indifférent·e est le symétrique du paradoxe du pluralisme : on peut se payer le luxe de l'indifférence si et seulement si l'on nage dans *un* Monde qu'on croit unique. Croyance rendue possible par sa fondation sur quelques différences premières, exclusives et hiérarchisantes – par universalisation faite *sur mesure* pour l'indifférent·e –, donc indiscutables.

509. La perspective de puissance évite deux impasses :

a) Abandonner le monde (impuissance) : « tout tolérer » n'est possible, *de facto*, qu'au prix d'abandonner le dialogue ; on prétend ne plus rien en dire, on laisse tout faire (transigeance politique).

b) Conquérir le monde (toute-puissance) : « imposer un point de vue » n'est possible, *de facto*, qu'au prix d'abandonner le dialogue ; on prétend pouvoir tout faire, on ne laisse rien dire (intolérance épistémique)[1].

1. Sur la conjonction intolérance (dans les idées) / transigeance (dans l'action), voir A. Gramsci, « Pas de tolérance pour le n'importe quoi », dans *Pourquoi je hais l'indifférence*, Paris, Rivages, 2012.

510. Le travail de *symétrisation* de l'anthropologie produit un effet épistémique de relativisation des soi-disant « universels principes » des sciences occidentales.

Dans le féminisme, la symétrisation signifie tout autre chose : c'est un concept politique critique qui déconstruit les biais épistémiques d'une forme typique de déni patriarcal. La symétrisation ne désigne plus, ici, une pratique de recherche visant une objectivité forte, mais une pratique sociale typique de l'objectivité faible induite par une position socialement dominante. Elle désigne donc une contestation masculiniste des analyses féministes, qui argue que l'oppression inverse existe aussi : « des hommes sont battus par leur compagne », « ils peuvent subir des harcèlements professionnels de la part de femmes », etc.

Pour éviter un malentendu : le refus de parvenir ne suppose aucunement la « symétrisation » comme déni (sens critique donné par le féminisme), en décrivant la manière particulière dont les rapports de pouvoirs *font* des mondes sociaux. En effet, dans le cadre de l'empotentement, les personnes, perçues comme des entités substantielles, sont les produits du « rapportage » des pouvoirs : ce sont donc des singularités socialement construites comme *rapportées*[1]. En se plaçant dans la perspective de puissance, il y a donc symétrie : les rapports de pouvoirs fonctionnent grâce à cette capture des relations rendant possible le commandement. Cependant, pour ne pas oublier l'asymétrie des *effets* de commandement, il est utile de conserver le vocabulaire d'empotenté·e et d'empotentant·e, puisque cela permet de maintenir le distinguo de l'oppression matérielle.

Néanmoins, la symétrie originelle du commandement ne doit pas être perdue de vue, sinon on ne peut pas comprendre l'essence de ce dernier, précisément : l'empêchement relationnel par la fixation, ainsi que la perte de la nécessité comme moyen de penser objectivement le milieu qu'on habite, sont les symptômes

1. Comme me le disait une amie féministe : « je conteste les effets de hiérarchisation du genre, mais je m'inscris dans un monde gouverné par le genre, je ne dois donc pas dénier que le genre gouverne à son tour mes perceptions ».

politiquement délétères qui *occupent* les empotenté·es aussi bien que les empotentant·es.

Le travail d'objectivation de la misère des rapports de pouvoirs relève donc bien d'une symétrisation, au sens anthropologique, puisqu'il s'agit de relativiser le narratif hégémonique qui est celui de la position empotenté·e : « qu'est-ce qu'on a de la chance d'être là où l'on est, venez nous rejoindre ! »

C'est un rôle important et utile de la philosophie critique : ne pas déplorer ou condamner des positions nuisibles – ce qui n'est pas très utile pour la pratique, donc pour l'effectivité du combat politique –, mais bien plutôt les *décrire pour ce qu'elles sont.* Cette confiance dans la puissance des descriptions découle de l'axiologie nécessitariste : il n'y a rien de plus désirable que d'arriver à décrire le plus objectivement possible ce qu'il se passe, perceptivement et affectivement. Cette désirabilité est immédiatement *effective* puisque le cheminement d'apprentissage et de reconstruction qui en découle produit nécessairement les *positions* éthiques et politiques corollaires.

Par contraste, rien n'est plus vain que de condamner : laissons la morale et la police à nos ennemis.

Soutenir cela est, justement, le seul positionnement conséquent avec la perspective nécessitariste de la puissance : si croire, c'est être disposé à agir, alors nous savons que nous sommes encore beaucoup à croire dans les rapports de pouvoirs (leur bienfaisance) puisque nous agissons conformément aux ordres de pouvoirs.

Objectiver la double capture symétrique des rapports de pouvoirs n'est donc pas incompatible avec le travail narratif de la description de ce qu'il se passe vraiment pour les empotenté·es. Il ne s'agit pas de les plaindre (charge mentale affective), ou les prendre une fois de plus en charge matériellement, bref de poursuivre l'assistanat général dont ils et elles jouissent, mais de cesser de les admirer, de fantasmer leurs formes de vie, de croire que c'est *à cela* qu'une vie bonne doit être dévolue.

14.
ON N'EN A PAS FINI AVEC LE « MOI »

511. « Nous avons appris à nous dresser contre nous-mêmes, contre nos émotions. [...] Pousser les gens à se dresser contre eux-mêmes, cela n'a pas les mêmes conséquences que les tactiques policières et les techniques de répression. Vous faites en sorte que les personnes intériorisent ces techniques, qu'elles rejettent la partie en elles la plus créative, si bien que vous n'avez même plus besoin de l'écraser. »[1]

512. Le titre du livre de La Boétie vaut pour le « moi » : *Contr'Un*. C'est la grande leçon des taoïstes : la servitude volontaire *de soi aux fins de soi* est encore une servitude.

513. Ne pas réduire le problème du pouvoir à un « pouvoir sur les autres ». Le conceptualiser ainsi reviendrait à largement sous-estimer l'ennemi.

Ainsi, parler de « pouvoir-du-dedans »[2], c'est encore souscrire à l'illusion que l'espace du dedans serait à l'abri de la logique des places organisée par les rapports de pouvoirs. Or, le « pouvoir-sur » peut être un pouvoir sur soi.

514. « À la formule "ni dieu, ni maître", il faut y ajouter : "ni moi", sous peine qu'elle ne soit un leurre. »[3]

1. A. Lorde, « Un entretien : Audre Lorde et Adrienne Rich », dans *Sister Outsider*, *op. cit.*, p. 110.

2. Starhawk, *Rêver l'obscur*, Paris, Cambourakis, 2015. Malgré la puissance de certains récits de Starhawk, celle-ci sacrifie encore à la métaphore spatiale de l'intériorité, dans une dialectique du dehors et du dedans.

3. F. Deligny, *Nous et l'innocent*, Paris, Maspero, 1975 ; dans *Œuvres*, Paris, Éditions L'Arachnéen, 2007, p. 766.

515. Le rapport de pouvoirs pédagogique tient sur cette fable : le pouvoir-sur (pédagogie toxique) rendrait possible un pouvoir-du-dedans (émancipation). « C'est pour ton bien ».

L'homogénéité entre moyens et fins doit nous alerter : un tel pouvoir-du-dedans ne peut pas être autre chose qu'une auto-discipline – un *pouvoir-sur-soi*, donc.

Il est naïf de croire que l'intériorité (« dedans ») soit un gage de liberté : internaliser la maîtrise ne lève aucunement les obstacles à la perception de son désir et à la puissance d'agir en commun.

516. Les ordres de pouvoirs font des récits qui invisibilisent les relations et les puissances collectives : l'héroïsation individualiste est leur came.

« Se rappeler cette simple et âpre vérité : il faut quantité de vies infimes pour faire une vie majuscule. Il fallut 241 mousses, marins, calfats et capitaines – et un esclave malais – pour faire un Magellan. »[1]

517. Faire faire, c'est décider à la place de l'autre ce qu'il devra faire.

C'est pourquoi l'introjection donne à beaucoup l'illusion qu'on s'est débarrassé du problème : lorsque l'on croit qu'être libre c'est choisir (paradigme du libre arbitre), alors on pense que si je décide à *ma place* ce que je devrais faire, tout va bien. Mais cette place que je crois « mienne » ne m'est pas *propre*.

De là vient qu'on a pris le gouvernement intérieur, ou la maîtrise, pour une vertu alors qu'il s'agissait simplement de la forme la plus subtile, donc résistante à l'analyse, de l'impuissance.

518. Erreur métaphysique des empotenté·es : croire que le propre est mien. Cela vient de l'agression des rapports de pouvoir, qui sont toujours une sorte d'effraction de l'espace propre – du plus banal (le réveil matin) au plus sordide (l'inceste). On a donc l'impression qu'on n'aura la paix qu'*en soi*, à l'abri des gestes intrusifs subis.

1. R. Bertrand, *Qui a fait le tour de quoi ?*, Paris, Verdier, 2020, p. 93.

De fait, les rapports de pouvoirs inventent la cartographie psychique dont ils vivent : l'*intrusion* insupportable et le sentiment d'*intimité* sont donc les deux faces d'un même empêchement relationnel.

Croire que le soi est un refuge manifeste la construction aberrante de notre représentation d'autrui comme d'un *alien* – dont il faudrait se méfier et qu'il faudrait diminuer pour s'en protéger.

519. « Dans la chambre de ton esprit, croyant te faire des serviteurs, c'est toi probablement qui de plus en plus te fais serviteur.

De qui ? De quoi ?

Eh bien cherche. Cherche. »[1]

520. Pour penser l'action humaine, l'opposition conceptuelle entre extérieure et intérieure est nulle : elle souscrit à l'illusion de la volonté libre (intériorité) qui aurait comme ennemi les déterminations du monde ou d'autrui (extériorité).

Est préférable l'opposition entre « ceci » et « cela », qui est celle du proximal et de l'éloigné : voilà qui propose un critère matériel efficace pour distinguer ce qui relève de notre puissance d'agir (ceci) et ce qui réclame quelque ordre de pouvoirs pour faire faire (cela).

« Cela » concerne ce qui est trop éloigné de ma puissance d'agir, ce que je ne peux que viser, envier, et qui n'arrivera, éventuellement, que par les (télé)commandements des rapports de pouvoirs.

À propos de « cela », je ne peux que contempler, juger ou commander. *Avec* « ceci », nous pouvons (nous) (ré)créer.

521. Être sujet, c'est toujours devoir s'efforcer pour se hisser à la hauteur d'une identité en vue de satisfaire des attentes. « Faire faire, c'est susciter la (re)naissance du sujet. »[2]

522. L'anarchisme est défini, sur Wikipedia, comme la « liberté politique maximale avec le refus de toute distinction entre gouvernants et gouvernés ». Ce refus est secondaire, il arrive

1. H. Michaux, *Poteaux d'angle*, Paris, Gallimard, 1971.
2. F. Deligny, *Les Détours de l'agir ou le moindre geste*, *op. cit.*, p. 1270.

trop tard : Aristote fait précisément l'éloge de la démocratie (entre hommes athéniens adultes propriétaires soldats) parce que chacun y serait à la fois gouvernant et gouverné ; depuis, nous ne sommes jamais sorti·es de ce paradigme archique[1].

523. L'univocité de la puissance signifie qu'une formation sociale est produite *au même sens* qu'un corps individuel. De là découle l'intrication nécessaire entre éthique et politique : le corps politique ou social est un *corps* au même sens que le corps biologique. « Mon » corps biologique *consiste* dans la rencontre nouée de flux hétérogènes, de même qu'un corps social ou politique dont les flux noués sont ceux qui passent déjà par les corps individuels.

Les deux inférences suivantes sont donc également vraies : les expérimentations de mon propre corps et ses devenirs ont des effets sur le corps social (dimension politique) ; réciproquement, les expérimentations politiques ont nécessairement des effets sur mon corps (dimension éthique). Tout ceci n'étant que les deux faces d'une même réalité à la fois matérielle et spirituelle.

524. Domestiqué-domestiquant : la domestication est un processus *symétrique* et pourtant *non-réciproque*. On ne domestique pas les animaux sans produire une domestication de l'humanité elle-même – sédentarité forcée, système de défense et de barrière instauré, emploi du temps, etc.[2]. (Symétrie). Mais ce sont bien les humains qui parquent, croisent génétiquement, exploitent, tuent ou mangent les animaux. (Non-réciprocité).

525. L'idée terrible d'Aristote est d'avoir cru trouver un mode optimal d'organisation politique en supprimant l'unilatéralité, tout en conservant la symétrie.

La démocratie serait en effet le commandement entre « égaux », donc la possibilité de donner des ordres comme d'en recevoir

1. Catherine Malabou donne un lumineux éclairage sur la conceptualité de la *Politique* d'Aristote, qui rendra cardinale l'idée de gouvernement de soi dans la culture occidentale. Voir C. Malabou, *Au voleur ! Anarchisme et philosophie*, Paris, Puf, 2022, p. 55-76.

2. Voir J. Scott, *Homo domesticus*, Paris, La Découverte, 2019.

– parce que ce n'est pas un problème, quand on est un mâle athénien guerrier adulte, de recevoir des ordres d'un autre mâle athénien guerrier adulte. Il y a réciprocité.

En revanche, cette réciprocité conserve la symétrie : l'idéal de domestication est seulement introjecté. On continuera à pratiquer le commandement et l'obéissance, mais entre soi (l'agora), donc corollairement en soi-même : gouvernement intérieur, maîtrise, autonomie, etc.

526. Aristote part d'une fiction *symétrisante* au cœur de la démocratie : la parité dans le commandement tient tout entière dans la capacité à alterner les positions de commandeur et de commandé. Or, l'acceptabilité de l'alternance dans le commandement est rendue possible par le *préjugé social de l'entre soi.*

D'un côté, il est insupportable d'être commandé par un individu « inférieur », de l'autre, cela ne pose pas problème si c'est un « semblable ».

C'est cela qui rendra possible l'introjection (puisque, par construction, je suis mon semblable) : « être à la fois son commandeur et son commandé ». Sont alors nés les concepts de gouvernement intérieur, de maîtrise, d'autonomie, etc.

Cette matrice formelle est le cœur des rapports de pouvoirs : la conserver en faisant tourner les variables des ordres de pouvoirs a été le piège terrible des luttes de libération. L'empotentement, formellement né dans le cas particulier de l'homogénéité pure (Aristote pense sa conceptualité pour les Athéniens mâles adultes), est un piège politique absolu pour toute personne placée contradictoirement dans des ordres de pouvoirs différents.

L'égalité comme horizon politique demeure affaiblie tant que sa problématisation reste formatée par ses conditions matérielles d'origine, à savoir la société grecque antique : une homogénéité sociologiquement *improbable* – l'entre soi de l'agora – rendue possible par l'externalisation des inégalités.

527. L'anarchisme est la plus grande tentative théorique d'affronter cette symétrie : comment désirer autre chose que de commander et d'être commandé·e ?

528. Platon avait inauguré la conception morale d'un soi dédoublé, c'est-à-dire divisé en deux régions en lutte pour le pouvoir. Mais Socrate pointa aussitôt ce paradoxe tragique : « Celui qui est maître de lui-même est aussi, je suppose, esclave de lui-même, et celui qui est esclave, maître. »[1].

529. Il est difficile de se débarrasser du préjugé gouvernemental, comme en témoignent les travaux tardifs de Foucault sur le souci de soi perçu comme auto-affection ou « gouvernement de soi ». Deleuze décrit bien cette perte de l'immanence : « Suivant le diagramme grec, seuls des hommes libres peuvent dominer les autres. Mais comment domineraient-ils les autres s'ils ne se dominaient eux-mêmes ? Il faut que la domination des autres se double d'une domination de soi. Il faut que le rapport avec les autres se double d'un rapport avec soi. »[2].

Tant que reste le schème du commandement et de l'obéissance, on n'a pas échappé aux rapports de pouvoirs[3]. En introjectant la domination, on rendrait même plus difficile la pratique du refus de parvenir.

530. Leibniz décorrèle le concept de volonté de toute idée de commandement : « vouloir est se réjouir de l'existence de quelque chose »[4]. Qu'on soit d'accord ou non avec ce qu'il en tire, sa définition a l'heur de subvertir nos représentations majoritaires.

531. Il n'y a aucune étiquette flatteuse : il n'y a que des mots qui *fichent* une identité politique pour nous empêcher de nous rencontrer.

1. Platon, *République* ; cité par B. Morizot, « Cohabiter avec les fauves », dans *Manières d'être vivant*, Arles, Actes Sud, 2020.

2. G. Deleuze, *Foucault*, Paris, Minuit, 1986, p. 107-108.

3. Voir C. Malabou, *Au voleur ! Anatchisme et philosophie*, Paris, Puf, 2022, chap. VII, notamment p. 236-244.

4. Leibniz, *Confessio philosophi*, Paris, Vrin, 1993, p. 55.

« C'est une cougar » ; « c'est un Black Block » ; « c'est une féministe » ; « c'est un adolescent ».

Comment ne pas nous prendre pour ces identités imposées qui ne sont rien de ce que nous sommes ?

532. Le concept de développement est l'une des pires tartufferies intellectuelles du XIXe siècle, dont nous ne sommes toujours pas sorti.es.

Développer, c'est accroître sa position *suivant un ordre* de pouvoirs.

533. Surtout, éviter de « rejouer à l'échelle globale l'idéal du passage à l'âge adulte où nous pourrions enfin nous passer de notre tuteur – l'État –, car *nous aurions enfin compris* ; nous serions enfin dignes de nous gouverner nous-mêmes. Cette litanie reprend à son compte tout ce qui s'attache si tristement au devenir-adulte : un certain ennui responsable, une bienveillance surjouée, le refoulement des affects vitaux qui habitent l'enfance »[1].

534. Les rapports de pouvoirs nous rendent fièr·es d'être (des) sujets. L'aliénation est de se penser comme un sujet, sans se rendre compte que ce statut tourne à vide dans une conception complètement éthérée de la liberté, déliée de toute relation aux objets du monde et ses nécessités[2].

535. « Synonyme de subordonner et d'assujettir, *subjicere* est rendu en ancien français par "sugester", maintenir dans la soumission, et par "sougire", soumettre par la force des armes ou par d'autres moyens. Toute sujétion suppose donc une suggestion [...] Suggérer pour mieux sugester, tel est sans doute le secret des dominants qui veulent durer. »[3]

1. Comité invisible, *À nos amis*, *op. cit.*, p. 194.
2. F. Fischbach, *Sans objet. Capitalisme, subjectivité, aliénation*, Paris, Vrin, 2009.
3. C. Jaquet, « Le statut des sujets chez Spinoza », *Revue internationale de philosophie*, n° 295, 2021, p. 5-17.

536. Le maintien dans la soumission se fait par la contrainte ou le consentement. L'approbation subjective n'est pas le critère décisif dans la perspective de puissance.

537. Sophisme du *whataboutisme* : « mais tu n'as pas évoqué ce problème-là ! » Sous-titrage implicite : « j'estime ce problème-là plus important que ce dont tu as parlé. »

Bertold Brecht a dit ce drame du poids de l'histoire :

« Que sont donc ces temps, où
Parler des arbres est presque un crime
Puisque c'est faire silence sur tant de forfaits ! »[1]

Nos douleurs, nos urgences peuvent-elles accepter qu'existe autre chose qu'elles-mêmes ?

538. L'individualisme est un monarchisme, le plus tyrannique des régimes. En théorie, l'anarchisme individualiste est donc une contradiction dans le concept : comme si l'autorité était nécessairement extérieure, comme si on n'avait pas pu introjecter les rapports de pouvoir[2]. Croire qu'on est libre quand on n'a plus à « rendre compte de ses faits et gestes qu'à soi-même », c'est sous-estimer fort les mécanismes de socialisation, la culpabilité, la honte, le contrôle de soi, la morale de l'effort, les pulsions narcissiques, etc.

539. Lorsque « les lois sont des actes de la volonté générale, il ne faut plus demander si la loi peut être injuste, puisque nul n'est injuste envers lui-même »[3], suggère Rousseau. Si seulement !

540. La monarchie subsistera tant qu'elle sera partout : à multiplier les monarques et éparpiller les « uns », la tyrannie, loin de s'affaiblir, se renforce d'être ainsi mutipliée.

1. Vers tiré du poème « À ceux qui viendront après nous », écrit en exil pendant la Seconde Guerre mondiale.

2. Dans son *Petit manuel anarchiste individualiste*, Émile Armand oppose « l'individu et le milieu » et il parle du « fait individuel » : expression étrange, comme si l'individu était un donné, et non une construction.

3. J.-J. Rousseau, *Du contrat social*, II, 6.

541. Le *gouvernement intérieur* n'est qu'une imitation, en soi, de ce qu'on a introjecté pendant l'éducation : nous nous parlons à nous-mêmes comme on nous a parlé.

Comment éviter les « il faut » adressés aux autres si on ne sait parler que ce langage à soi-même ? Comment construire, enfin, sa voix, après avoir été parlé·e par les « il faut » de ses maîtres ?

542. Nature naturante (Spinoza), moment instituant (Vanni[1]), processus insurgeant[2] (Abensour) : peu importe les préfixes ou les radicaux, le *participe présent* souligne chaque fois un processus en cours, celui de l'individuation. Ce n'est nullement une question d'échelle : corps individuel ou bien corps collectif, c'est toujours le problème d'habiter un milieu, de vivre en réinventant ses normes.

A contrario, le piège de l'institué, c'est de créer du sacré : « ce qui n'a pas le droit d'être questionné et doit donc être accepté comme tel ». Ainsi, le moi peut être de l'institué individuel ; de même, une promotion de grande école (le fameux « esprit de corps ») ou un parti peuvent être de l'institué collectif.

543. Lordon abonde dans la thèse spinoziste « du pouvoir (constitué) comme capture de la puissance (constituante) ». Mais il précise : « j'avoue n'avoir jamais compris que, la reprenant à son compte, Negri se soit refusé à admettre l'effet de verticalisation qui résulte de cette capture même, pour continuer d'entretenir le fantasme d'une multitude pleinement horizontalisée, transparente et de plain-pied avec elle-même. » Cela le rangerait alors, aux yeux de Lordon, dans le courant qu'il nomme « l'antipolitique des virtuoses »[3].

Mais qui a parlé de nier le geste « re-constituant » ? Une philosophie de la puissance s'attache à distinguer *instituant* et *institué*, plus qu'elle n'oppose institution (le vertical) et absence

1. Michel Vanni oppose les « moments instituant » aux « réponses instituées » dans *L'Adresse du politique. Essai d'approche responsive*, Paris, Éditions du Cerf, 2009, p. 129-179.

2. J'ajoute volontairement un « a » pour souligner le rapprochement avec la forme lexicale du participe présent.

3. F. Lordon, *Vivre sans*, *op. cit.*, p. 191.

d'institution (l'horizontal). Il suffit de voir la différence entre pédagogie institutionnelle et pédagogie autoritaire, ou entre démocratie radicale et démocratie représentative. Dans la perspective de puissance, les concepts de « pédagogie autoritaire » ou de « démocratie représentative » sont des contradictions en elles-mêmes, de purs oxymores. En revanche, les processus instituant de la pédagogie institutionnelle ou de la démocratie directe permettent des individuations collectives au plus près des joies mutuelles.

Lordon précise : « l'idée de la multitude suspendant sa puissance est absurde, nécessairement cette puissance s'exerce à "quelque chose" et, par définition, c'est cet exercice qu'on peut dire "constituant" ». Certes, mais, encore une fois, le problème de la capture est justement la fixation du processus constituant dans un constitué sacralisé : *c'est cela dont la vigilance anarchiste se méfie absolument* – et aucunement des coalescences de puissances aux différentes échelles d'individuation.

544. Contrat social : assurer la soumission de la multitude au souverain de sorte que la légitimité du droit de *souveraineté* – exercice légitime du pouvoir (*potestas*) – résulte directement de la libre volonté des sujets, autrement dit procède de leur consentement souverain.

Le contrat social est donc un mythe qui souffre, logiquement, d'être une pétition de principe : il présuppose un modèle psychique (souveraineté du moi) qui est un simulacre de la scène politique qu'on prétend ainsi établir[1].

Une illusion à propos de l'organisation des rapports de l'esprit et du corps fonde ainsi l'organisation imaginaire de nos rapports sociaux.

545. N'être *en douce* aux ordres de personne – pas même de soi-même.

1. Mettre en œuvre sa puissance pour y renoncer « librement » : toutes les clauses du contrat social se ramènent à une seule, l'aliénation totale par tout un chacun de son droit ou puissance.

BIBLIOGRAPHIE

546. Les mots des livres aimés causent
en nous
Désirée causalité d'échos si proches
Polyphonie de fêlures
comme autant de courants d'air

547. Une bibliographie, c'est souvent si triste : imaginons que nous écrivions des biographies en forme de liste, sans raconter d'histoire...

548. Mes lectures sont mes A.M.I.E.S. : anarchisme, matérialisme, immanence, éducations critiques, subsistance.

549. Merci aux ami·es et relecteurices qui furent conditions nécessaires de ce livre : Alice, Alicia, Amélie, Déborah, Eva, Florence, Fred, Garance, Gauvain, Jean-Marc, Joël, Julien, Juliette, Kris, Laurent, Lionel, Lisa, Manon, Matthieu, Monique, Pauline, Sonia, Sophie, Vanina, Vivi.

550. Voici un poème, sans doute médiocre littérairement, mais qui traduit un enthousiasme véritable. C'est une forme versifiée de remerciement aux éditeurices qui donner tant à penser[1]. À part pour les auteurices classiques, une bonne partie de la bibliographie est contenue dans leur catalogue. Les lecteurices francophones ont une chance inouïe de les savoir exister.

1. C'est aussi une manière de rendre hommage aux *pseudonymes* qu'elles et ils se sont donné·es – en y ajoutant des « collections ».

sorcières, vivons **l'échappée** avec **la lenteur clandestine**
passagers, essayons-nous aux **divergences**, hors **seuil**, parmi
les **zones** du **dehors**
disputons les règles **textuel**les à coup de **syllepses lux**ueuses
la fabrique du **commun** ouvrira alors **l'éclat** des**entremondes**
libres, enfin, dans ce **projet sauvage** d'errer en **minuit**
parti·es du port d'**Amsterdam** un **lundi matin**
à la **découverte** des **rivages** de **Libertalia**

551. Rares sont les fin·es artisan·es de l'écriture qui savent polir et user adéquatement du concept de puissance. Merci au Comité invisible, à carol bergman, à Pascal Sévérac, à Verónica Gago, à Josep Rafanell i Orra, entre autres, pour leurs compréhensions de la puissance d'agir.

552. Frédéric Lordon est d'une virtuosité analytique enthousiasmante, surtout pour un·e lecteurice de Spinoza. Mais il me titille – tel Socrate comparé à un taon qui pique. Par exemple, pourquoi cette obsession pour « l'antinomie des virtuoses et du nombre »[1] ? Une bonne partie de sa conceptualisation du problème institutionnel souffre de cette fausse antinomie qui traduit l'oubli de la *question éducative*.

John Dewey, Gaston Bachelard, Elise Freinet, A.S. Neill, Yvonne Hagnauer, Fernand Deligny, Aïda Vasquez, Paolo Freire, Alfie Kohn ou bien bell hooks furent des sources précieuses de reformulation du problème : nous sommes tous et toutes capables. Ces philosophes de l'éducation convergent sur le diagnostic : les difficultés à penser collectivement proviennent des milieux (institués), et non de carences personnelles.

Renversons donc la formule lordonienne : les rapports de pouvoirs institués (le « pouvoir constitué » comme *potestas*) sont toujours une manière de « vivre sans » les relations avec autrui ; il s'agit de faire *malgré les autres*, c'est-à-dire de leur *faire faire*.

De fait, ce que Lordon appelle « antipolitique des virtuoses », ce n'est jamais que la vie comme *transformation*, bref ce qu'on

1. Frédéric Lordon, *Vivre sans*, *op. cit.*, p. 219.

nomme plus généralement l'éducation – mouvement *instituant*[1]. Il n'y a là rien d'extra-ordinaire ! L'éducation populaire regorge ainsi d'expériences enthousiasmantes où les inconnu·es pensent plus et mieux que bien des intellectuel·es ou des émancipateurices auto-proclamé·es.

Que croit-on décrire en ramenant les humains à ce qu'ils « sont » – des êtres sous la conduite des passions et non de la raison ? Construire une politique sur cet état de fait, c'est renoncer à agir, donc devenir, *avec* eux. (Pourquoi convoquer la puissance des autres sous l'angle dépersonnalisé de la multitude : comme si les autres ne pouvaient être utiles à une politique de gauche que comme « faisant masse » dans la rue ou les urnes…)

Le geste éducatif, par contraste, est celui qui commence par la perception attentionnée de nos moyens réels : il est donc pleinement réaliste. (C'est le cœur des éducations critiques de ne pas déplorer que les enfants ou les élèves ne soient pas tel·les qu'elles ou ils devraient être.) Mais ce geste n'est pas fataliste : il ne présume d'aucun renoncement à agir au nom de l'état de capture actuelle des esprits et des corps dans certains rapports de pouvoirs institués.

Le diagnostic de « virtuosité » est étranger à la conceptualité de la puissance, il est tout dédié la classification au sein des ordres de pouvoirs. Il n'y a pas de virtuoses – ou bien nous le sommes tou·tes.

553. La perspective de subsistance provoque un effet de seuil dans l'exigence vis-à-vis des nouvelles lectures : on ne peut plus lire de philosophie politique sans avoir cette conceptualité matérielle radicale en tête.

Merci à Maria Mies et Veronik Bennholdt-Thomsen, ainsi qu'à celles et ceux qui s'en inspirent dans la francophonie – notamment Aurélien Berlan et Geneviève Pruvost.

1. Derechef, la question de l'échelle est secondaire : toute éducation est un mouvement d'individuation – personnelle ou collective. Le « je » et le « nous » sont pareillement des institutions : le danger est celui de leur fixation en « institué » (synonyme alors de « sacré »), rendant impossible l'instituant comme norme immanente de la vie.

554. L'anthropologie et l'éthologie forment une jouvence joyeuse pour se déprendre de soi-même et penser autrement qu'on ne pense. C'est comme une cure à s'offrir à intervalles réguliers.

555. Surgissent de grands textes sur l'anarchisme depuis le début du millénaire : j'ai aimé lire Marianne Enckell, Catherine Baker, John Rapp, Catherine Malabou, Edouard Jourdain, Irène Pereira, Francis Dupuis-Déri, Chiara Bottici, *lundi matin*, et d'autres.

556. La vie de Simone Weil et ses textes des années 1934-1938 sont une source d'étonnement et d'inspiration qui ne cesse de me forcer à penser.

557. La forme de l'essai est mon genre littéraire préféré. *S'essayer à des idées*, comme on essaierait un vêtement pour voir ce que ça fait de nous. Qui devenons-nous en nous appropriant tel geste de pensée ?

Les auteurices non-académiques offrent un souffle heuristique incomparable : Audre Lorde, Françoise d'Eaubonne, Andrea Dworkin, Ivan Illich, Pacôme Thiellement, Stéphane Sangral, les auteurices de *Feu !*[1], etc. Souvent des poètes·ses, des exégètes hétérodoxes, des militant·es.

558. Relire Lao Tseu, dans de multiples traductions, dont la magnifique dernière aux Belles Lettres[2], fut sans doute la plus belle surprise philosophique qu'un « grand » classique m'ait apportée depuis plusieurs années.

559. J'aime l'humour de Deleuze lorsqu'il nomme Spinoza le « prince des philosophes ».

Prince ayant la même racine que *principium* – qui traduit *arkhè* –, pourquoi pas aussi « l'archonte de l'anarchie » ?

1. E. Dorlin (coord.), *Feu !, op. cit.*

2. Nous, francophones, avons la chance d'avoir Jean Levi comme passeur. Il a aussi traduit Sun Tzu, Tchouang Tseu, Lie Tseu, et le délicieux recueil *Éloge de l'anarchie par deux excentriques chinois*, Paris, Éditions de l'encyclopédie des nuisances, 2004.

MÉMENTO

1. *J'ai retenu pour moi-même un fragment par chapitre, sorte de distillat qui en condense l'esprit. Pour mieux y revenir.*

Le refus de parvenir signifie simplement le fait de ne pas croire qu'un contre-pouvoir – qui n'est jamais que l'activation d'un rapport de pouvoirs d'*un autre ordre* ou bien le changement de place au sein d'un ordre – n'aide en quoi que ce soit dans une perspective d'émancipation et de lutte. (29)

Les ordres de pouvoirs convoquent la morale : injonction d'un contenu (ce *que* « il faut **faire** ») comme *fin* à atteindre. L'organisation des rapports de pouvoirs est la création permanente de la fable des « sujets », des « moi », en même temps que la gestion de leur isolement.

La puissance d'agir se déploie par l'éthique : conjonctions possibles par les *moyens* d'une forme (*comment* allons-nous **agir** ensemble ?) dont on ne sait pas ce qu'elle produira. Les lignes de fuite de nos puissances *individuent du collectif.* (58)

« Celui qui combat des monstres doit prendre garde à ne pas devenir monstre lui-même. Et si tu regardes longtemps un abîme, l'abîme regarde aussi en toi. »[1] La malédiction de la symétrie décrit l'un des ressorts principaux du pouvoir éducatif : vouer les êtres humains à vouloir *faire comme* ceux et celles qui les oppriment. (102)

1. F. Nietzsche, *Par-delà Bien et Mal*, § 146.

La perspective de puissance se moque de l'intention en termes d'analyse : seules les conséquences sont matériellement intéressantes pour penser la pertinence de l'agir. (157)

La puissance forme la patience parce qu'elle refuse d'attendre. L'action peut être longue, elle n'en est pas moins présente. (191)

Accomplir nos puissances, et non abolir leurs ordres. De cela s'ensuit ceci, mais l'inverse n'est pas vrai. (238)

Il n'y a pas d'« abus de pouvoir » puisque tout pouvoir est un abus. (254)

Comment déjouer un rapport de pouvoirs sans tomber sous l'emprise d'un autre ? C'est la question la plus redoutable, *pratiquement.* (306)

En immanence, il n'y a que de l'égalité : aucune éminence pour rien. Concernant la causalité, pas non plus de « cause éloignée » : *le proximal est notre milieu.* De la cause à l'effet, il n'y a donc jamais dégradation.

Tirer les conséquences de cette métaphysique exacte est une affaire de pratique : comment passer une vie à éprouver les formes de vie qui l'expriment joyeusement ? (328)

Les ordres de pouvoirs nous hantent toutes et tous. Ils exigent l'obéissance par deux voix : la *sommation* d'y souscrire ; la *tentation* d'en devenir des prétendant·es. (351)

L'empotenté·e *constate* : « je ne vois rien » ; puis il en déduit : « ça n'existe donc pas ». Il prend sa (faible) puissance perceptive et imaginative pour la réalité.

C'est ce qui a rendu l'étude occidentale des religions parfois très condescendante. De fait, les « indigènes » ou les « enfants » ont le plus souffert de cette carence des empotenté·e : paradoxale *cécité projective.* (390)

La puissance : *prendre ses désirs pour des réalités.* L'empotenté·e, par contraste, ne comprend pas pourquoi la réalité ne correspond pas à ses envies. (406)

À force de croire dans les sanctions plus que dans les compositions de rapports, c'est-à-dire plus dans les volontés que dans les relations, je me livre corps et âme aux *intentions d'autrui* – et bientôt aux miennes. (446)

Joie simple de n'avoir plus à contrer : activité énergivore nécessitée par les rapports de pouvoirs.

Aussi paradoxal que ça puisse paraître, *fermer la porte* peut offrir une disponibilité pour le déploiement de la puissance.

Ne plus avoir à subir les intrusions permanentes des rapports de pouvoirs et, enfin, relationner sans peur : se lire des poèmes, rire, pleurer, raconter nos vulnérabilités, juste s'écouter ou se dire qu'on s'aime. (467)

Il y a une justesse physiologique de la paresse : elle compose les relations du corps humain avec la double exigence révolutionnaire, qui est d'agir *ensemble* et *dans la durée.* Or, le partage et la patience ne sont jamais possibles tant que nous nous acharnerons à faire faire à d'autres ou à faire à leur place.

C'est pourquoi la paresse est un affect révolutionnaire : elle s'oppose frontalement aux rapports de pouvoirs. (497)

N'être *en douce* aux ordres de personne – pas même de soi-même. (545)

2. *Extrait du célèbre article de Simone Weil, paru le 10 juin 1936, auquel fait allusion le sous-titre de cet ouvrage.*

« Une joie pure. Une joie sans mélange.

Oui, une joie. J'ai été voir les copains dans une usine où j'ai travaillé il y a quelques mois. J'ai passé quelques heures avec eux.

Joie de trouver tant de sourires, tant de paroles d'accueil fraternel. Comme on se sent entre camarades dans ces ateliers où, quand j'y travaillais, chacun se sentait tellement seul sur sa machine ! [...]

Joie de passer devant les chefs la tête haute. On cesse enfin d'avoir besoin de lutter à tout instant, pour conserver sa dignité à ses propres yeux, contre une tendance presque invincible à se soumettre corps et âme.

Joie de voir les chefs se faire familiers par force, serrer des mains, renoncer complètement à donner des ordres.

Joie de dire ce qu'on a sur le cœur à tout le monde, chefs et camarades, sur ces lieux où deux ouvriers pouvaient travailler des mois côte à côte sans qu'aucun des deux sache ce que pensait le voisin.

Joie de vivre, parmi ces machines muettes, au rythme de la vie humaine et non à la cadence imposée par le chronométreur. [...]

On se détend complètement. On n'a pas cette énergie farouchement tendue, cette résolution mêlée d'angoisse si souvent observée dans les grèves. On est résolu, bien sûr, mais sans angoisse. On est heureux. »[1]

1. S. Weil, « La vie et la grève des ouvrières métallos (sur le tas) », dans *La Condition ouvrière*, Paris, Gallimard, 1951, p. 161-174.

POSTFACE

QUATRE MODALITÉS DES PRATIQUES TRANSFORMATRICES

1. La simplicité (épistémologique)

La simplicité n'est pas une qualité prestigieuse dans l'ordre épistémocratique : ça ne *fait* pas très *smart*. Si l'idée est simple, la pensée embourgeoisée dira : « c'est bon, j'ai compris ». Croyant avoir assimilé l'idée comme on mettrait un produit dans son panier de course ou un bibelot sur l'étagère, elle passe à autre chose – en quête d'une nouvelle acquisition. Toujours cette manière de marchandiser le réel, en prenant les idées pour des solutions. Aucune puissance déployée, juste de l'accumulation.

La pratique raconte une autre histoire, faite de sueur et de larmes de joie : comment sculpter sa propre statue, construire nos habitats, maintenir nos milieux, écouter le vivant? Toucher l'inconnu·e que nous devenons.

La pratique du refus de parvenir déploie nos puissances d'agir parce qu'elle nous libère de l'épuisante activité de faire semblant, elle nous divertit de l'attention aux maîtres – ce *dirty care* né de la contrainte à devoir éviter leur brutalité[1]. Or, rien n'est plus simple que de cesser de s'efforcer à faire ce qu'on attend de nous, puisqu'il s'agit, bien souvent, de ne rien faire. Mais rien n'est plus difficile pourtant.

Par exemple, il devait être ardu, pour un propriétaire d'esclaves, de préférer agir par lui-même plutôt que de jouir de ses privilèges.

1. Voir E. Dorlin, *Se défendre. Une philosophie de la violence*, *op. cit.*.

Dit autrement : de se retenir de commander ! Pareillement pour la classe moyenne occidentale qui, de nos jours, peut faire du geste de ne pas prendre l'avion un acte héroïco-politique, ou bien du boycott d'une multinationale un acte engagé. Mais se priver n'est pas l'expression d'une puissance d'agir, c'est juste l'imagination d'une *absence* – que notre conditionnement rend inquiétante (par conformisme) ou douloureuse (par addiction). L'impuissance peut donc facilement prendre la forme paradoxale de l'*incapacité à ne pas faire*. Il est compliqué pour les efforcé·es de ne plus s'efforcer : ne pas acheter (boycott), ne pas se faire exploiter (refus du marché du travail), ne pas chercher à plaire (refus du marché sexuel), sont des stratégies « coûteuses » en Occident, alors qu'il n'y a *pratiquement* juste *rien à faire*. Refuser de parvenir, c'est d'abord s'alléger beaucoup en *cessant de soutenir* ce qui nous opprime.

Mais, un dramatique contresens serait d'avoir une conception volontariste du refus de parvenir : c'est tout l'enjeu d'une pratique que d'en décrire les conditions d'exercice en dehors de toute morale – sermons, injonctions, appels au courage, etc.

Il ne faut donc pas confondre ces deux choses : comme le disait Kant, il n'est pas possible qu'une idée pratique soit compliquée – à moins de se complaire dans un élitisme assumé : « seul·es les meilleur·es sauront faire ». Mais la distinction conceptuelle facile/difficile raconte tout autre chose : elle ne désigne pas des propriétés objectives des idées, mais des *temporalités pendant l'apprentissage*. Dit autrement, le difficile n'est rien d'autre que le nouveau ; il est donc tout à fait ordinaire d'être en difficulté dès lors qu'on doute vraiment, dès lors qu'on amorce un cheminement de pensée. Etre en difficulté n'est pas le symptôme de la bêtise ou de l'incompétence, c'est le signe objectif et joyeux de l'Apprendre[1].

Bien que les idées pratiques vraies soient simples, elles sont donc nécessairement difficiles en raison de la *méséducation* que

1. C'est l'un des fils rouges de mes premiers travaux : de *Que peut la philosophie ?*, Paris, Seuil, 2013 à *L'Erotisme des problèmes*, Lyon, ENS Éditions, 2015.

nous avons toutes et tous reçue : « ce qui a été bâti par nos ennemis a pris le temps de pénétrer jusqu'aux fossiles de nos rêves. Ce n'est pas tout d'abattre le bâti, il faut encore défaire l'architecture spirituelle qui commanda son érection. Et ce travail doit prendre appui sur une conception profonde, irréversible »[1]. La simplicité a à voir avec la radicalité, nous y reviendrons : en prenant le problème à la racine, tout devient plus simple que les contorsions auxquelles les rapports de pouvoirs nous ont habitué·es pour *tenir notre rôle* – hors-sol et soumis aux arbitraires du capitalisme, du patriarcat, de l'hétéronormativité, etc.

Les méséducations s'instillent en chacun·e dans la lenteur infrapolitique du quotidien : il n'est donc pas étonnant que, pareillement, le temps long s'impose à nous pour détruire ces héritages gravés dans nos corps et nos esprits.

Le refus de parvenir n'est donc certainement pas un éloge du renoncement ou un épanchement des passions tristes sur le mode de la culpabilisation. Encore des tentations de l'immédiateté : il n'est pas besoin de s'exercer beaucoup pour *faire honte* – définition de la méchanceté, d'après Nietzsche.

Parvenir à faire culpabiliser est, par définition, un geste dont le refus de parvenir nous prémunit : on n'est pas là pour comparer des cohérences ou pour s'envoyer des anathèmes sur nos formes de vie – ce petit jeu de la comparaison est légion dans les milieux dits alternatifs, où la propension au jugement façonne des aigreurs qui sont le plus bas degré de la puissance d'agir.

J'espère avoir assez insisté : le refus de parvenir est une pure *positivité* puisque cette pratique échappe la *tristesse de la parvenue* comme le corps se débarrasse des toxines. L'imaginaire arriviste de la parvenue s'accommode de récits divers : parvenir à exercer un métier lucratif, parvenir à une autarcie survivaliste, parvenir à convaincre l'autre qu'il se trompe, parvenir à remettre les égaré·es dans le droit chemin, parvenir à atteindre son objectif, etc. Toutes

1. Ut Talpa, « Flora Bonfanti : planification des ruines », *lundi matin* #281, 29 mars 2021.

ces promesses d'*efforts à venir* étouffent dès qu'elles s'énoncent en nous ou s'annoncent par la voix des maîtres.

2. La quotidienneté (éthique et politique)

Le refus de parvenir est une pratique révolutionnaire qui nous ramène à la présence de la puissance d'agir. Il n'est pas possible d'exercer une pratique autrement que depuis les forces présentes, avec les forces en présence.

Un maître d'art martial qui convoquerait des forces imaginaires ou à venir pour nous former à un geste serait un charlatan. Sa pédagogie consiste nécessairement à partir des conditions présentes, et non à déplorer les conditions absentes.

La quotidienneté de la pratique est à l'opposé d'une bataille symbolique sur la *priorisation concurrentielle des luttes* : ce faux problème terriblement minant est une querelle de territoire typique des rapports de pouvoirs. Pourquoi vouloir faire passer la lutte des classes avant la lutte des sexes, par exemple, sinon par fébrilité et trouille d'une perte d'hégémonie ? Revendications de légitimité et prétentions à la lucidité prévisionnelle[1] : manière de sachant·es.

Par contraste, le slogan de l'auto-émancipation – « ne nous libérez pas, on s'en charge » – fait honneur à ce qu'est la pratique, car il est profondément matérialiste et constructiviste.

Son explicitation donnerait ceci : « Cessez de prétendre résoudre "*nos*" problèmes, car comment pourriez-vous savoir à notre place ce que nous-mêmes avons besoin d'*apprendre* sur nous-mêmes ; nous ne le savons pas encore, et nous prendrons notre temps pour construire collectivement *qui* nous sommes et quels problèmes se pose à ce *nous* ainsi construit. »

Chaque fois que nous irons trop vite pour « poser » un problème, soyons sûr·es que nous risquons de l'*imposer* à d'autres, voire à

1. Avec des assertions aussi grotesques que : « la lutte des classes victorieuses règlera, par voie de conséquence, la lutte des sexes ; renoncez donc à celle-ci puisque votre dévouement pour celle-là poursuit, contrairement à vos croyances, le même objectif ». Tentative de colinéarisation typique des maîtres : « nous savons mieux que vous », « c'est pour votre bien », etc.

nous-mêmes. La quotidienneté rend ainsi possible la lenteur : on prend d'autant plus facilement son temps qu'on sait qu'il y aura encore demain, pour continuer, et après-demain, etc. Aucune « *dead line* » pour ce qui n'a aucune raison de devoir être arrêté, car l'empressement et la peur d'échouer ne surgissent qu'avec l'angoisse de l'échéance.

Derechef, la priorisation *rivale* des luttes est l'exemple historique le plus évident des effets néfastes d'une pseudo-problématisation politique. C'est un problème de donneur d'ordres, que l'on ne rencontre pas dans la pratique quotidienne du politique. Deux paradigmes opposés : d'un côté, les maîtres se précipitent puis nous demandent d'attendre ; de l'autre, la pratique quotidienne commence tout de suite, mais elle prend son temps.

Ce temps long, c'est celui nécessaire pour poser autrement et construire différemment les vrais problèmes. La pratique change nos pratiques, par définition de ce que signifie *apprendre* en un sens matérialiste : nous devenons autres dès que nous sommes dans l'*agir* et non le *faire*.

Refuser de parvenir modifie ainsi concrètement les formes de vie que nous habitons, en libérant notamment du temps et une énergie folle pour vivre l'essentiel au quotidien. Prenons deux assertions qui déplacent le problème de la puissance, et qui permettent de sortir les bons fusils, aux bons moments, sur les bonnes cibles :

1. Un individu n'*a* aucun pouvoir. Non pas parce qu'il serait « seul » donc pas assez « fort », mais en raison de l'ordre causal : c'est le pouvoir qui fonde l'avoir, et non l'inverse, c'est pour ça qu'il est impossible d'avoir du pouvoir. C'est plutôt les rapports de pouvoirs qui nous attrapent, nous accaparent. « Avoir du pouvoir », c'est n'avoir rien d'autre qu'un *ordre* de mission – celui de maintenir les rapports de pouvoirs – soutenu énergétiquement par la sanction. Occuper une place de pouvoirs c'est, en réalité, *s'occuper* des pouvoirs – au sens d'être *occupé·e* par eux.

Le patriarcat méprise le travail reproductif, mais les maîtres se racontent des histoires : ce sont eux qui sont entièrement dévoués aux tâches domestiques d'*entretien des ordres*. Ils savent pertinemment, au fond d'eux-même, que la performativité de leurs mots d'ordres ne tombe pas du ciel, et qu'elle demande un harassant travail de mise au pas des imaginaires. Cet effort les épuise *en réalité* : ils jouissent sans joie.

2. On ne peut pas lutter *contre* le pouvoir ; non parce que nous serions impuissant·es, mais en raison de ce qu'*est* le pouvoir. C'est plutôt les rapports de pouvoirs qui se constituent par le « contrage » et continuent de vivre en nous par nos propres contres[1].

3. La localité (écologique et économique)

Le refus de parvenir est une pratique révolutionnaire qui nous relie à un territoire, aide à tisser avec le milieu, force à l'apprentissage du proximal. Dans la pratique, non seulement c'est *maintenant* que tout commence, mais en plus c'est *ici* que ça se passe. L'opposé strict du discours de la plainte ![2]

J'en profite pour remarquer que le refus de parvenir n'est pas tellement exemplifié au cours des fragments de cet ouvrage, mais c'est à dessein. L'exemplification, ici, courrait le risque de réduire dangereusement sa portée, alors même qu'il concerne tous les aspects de l'existence, sur les domaines les plus explicitement politiques jusqu'à l'infrapolitique des petits gestes les plus intimes ; des plus brefs évènements jusqu'aux trajectoires d'une vie.

Cela étant dit, précisons aussitôt cette évidence logique : la localité d'une pratique est ce qui la rend nécessairement *collective*. Il n'y a de locales que les expériences *trans*-formatrices, donc irréductibles à la pseudo-opposition de l'individu et du groupe. La dimension collective de la pratique n'est pas un slogan politique, c'est une nécessité métaphysique : il n'y a aucune formation collective possible *par* les rapports de pouvoirs, puisque ceux-ci disposent les personnes à être isolées, séparées les unes des

1. C'est tout l'enjeu du refus de contredire, dont je soutiens qu'il relève du *refus de parvenir à maîtriser l'autre* dans l'ordre du savoir. Il s'agit donc d'un cas particulier de refus de parvenir. Voir S. Charbonnier, *Aimer s'apprend aussi. Méditations spinoziennes*, Paris, Vrin, 2019.

2. Voir F. Roustang, *La Fin de la plainte*, Paris, Odile Jacob, 2000.

autres – mais *conformément colinéarisées*. S'il y a convergence et exploitation possibles des existences, ce n'est pas par constitution d'un *nous*, mais en ordonnant les êtres tout en les divisant[1].

Entendre le souci pour la pratique comme une ode au développement personnel est donc une contradiction dans les termes : premièrement, parce que le développement est un schème typique de la parvenue; deuxièmement parce que la réduction d'une analyse à des causes individuelles et purement psychiques est un levier de culpabilisation typique de la diversion des vrais problèmes.

Par exemple, « se déconstruire » ou « s'empouvoirer » m'apparaissent comme autant d'injonctions au pronominal qui cultivent les passions tristes. Et, au bout du compte, des flics livrent des individus en pâture à des juges : en vue d'une sanction – peu importe que tout cela ait lieu à domicile. Malheureusement, chacun·e sait faire ça très bien dans nos sociétés de contrôle.

La pratique du refus de parvenir est d'abord l'exercice du doute. Or, rien ne demande plus de localité que le doute, s'il veut être réel[2]. On ne doute pas impunément, encore moins sur commande, mais quand le milieu nous y force. C'est comme l'acrobatie ou la cascade : douter est un geste qui s'apprend si on ne veut pas se blesser, une pratique joyeuse mais difficile.

Il s'agit de s'y préparer, de s'y exercer en situation. Or, pour qu'un doute réel advienne, il faut avoir la puissance de ne pas douter *par ailleurs*. La localité fournit ainsi les certitudes nécessaires au doute véritable : c'est l'inverse des vertiges de la théorie qui nous rivent à l'impuissance ou à la sidération – fragilité blanche, perte de l'assurance masculine, éco-anxiété : ces ersatz de prise de conscience traduisent la panique des maîtres.

1. Cette manière très particulière de relier (*religere*) les personnes, en rendant impossible la formation collective, est ce que Simone Weil nomme la religiosité des pouvoirs : « toute société oppressive est cimentée par cette religion… » Voir S. Weil, *Réflexions sur les causes de la liberté et de l'oppression*.

2. Sur la grande lignée anti-cartésienne des vrais douteurs (Spinoza, Peirce, Bachelard, Wittgenstein), voir S. Charbonnier, *L'Erotisme des problèmes*, Lyon, ENS Éditions, 2015.

Les analyses philosophiques sur le refus de parvenir ont alors ce rôle d'accompagnement : nous affermir pour ne plus douter de nous ou du monde (pseudo-doute existentiel dont l'exploitation se nourrit, tel un vampire), nous assouplir afin que douter de nos choix ne fasse plus mal, ne blesse plus.

Bref : cesser de douter *de la racine*, pour douter aux bons endroits.

Par exemple, pour résoudre le problème de la silenciation des personnes, sans doute faut-il apprendre à silencier le milieu : on entend d'autant plus facilement une voix différente que celle-ci est entourée de silence, qu'elle n'est pas immédiatement recouverte de bruits. Il nous faut recréer les espaces ; les vulnérabilités de la puissance rendent nécessaires les silences. Disposer d'*un temps à nous* aussi bien que d'*un lieu à nous*, pour pasticher Virginia Woolf. *Construire matériellement* des milieux silencieux qui rendent audibles les voix étouffées est, encore une fois, une affaire collective – certainement pas une question de compétence individuelle.

Qui agit et décide, ici et maintenant, n'aura aucun besoin de s'encombrer du faux problème de la stratégie – la question de l'échelle est surtout une matrice d'inhibition de la pratique. Tout est affaire uniquement de tactique[1].

« Qui décide ? » est typiquement un faux problème produit par les rapports de pouvoirs : « où est la souveraineté ? » Si l'entendement et la volonté sont une seule et même chose, il faut tenir pour absolument vraie une *définition par l'usage* : décide qui

1. En philosophie pratique, cruciale est la distinction entre *stratégie* et *tactique*, qui repose sur l'éloignement temporel de l'anticipation. Voyons la définition qui fait consensus dans les jeux d'échecs : « La stratégie est l'élaboration d'un plan d'ensemble à long terme dans une partie d'échecs ; la tactique en revanche est le calcul des combinaisons à court terme. » La stratégie suppose donc un monde parfaitement réglé, sans quoi elle serait irréaliste et prétentieuse comme mode opératoire. On peut alors douter qu'il existe des stratégies *efficientes* dans l'action collective humaine, car celle-ci ne satisfait jamais la constance formelle des règles des échecs pour des anticipations lointaines. Vouloir prévoir à long terme conduit à *s'efforcer*, au nom des *fins* et malgré les situations. C'est la définition de parvenir : faire faire, à soi-même et aux autres.

agit – c'est tautologique. Pour rendre la chose palpable, on peut esquisser une analogie avec la distinction entre propriété d'usage et propriété lucrative.

La propriété d'usage est une propriété dont les effets s'épuisent dans l'usage par le propriétaire, alors que la propriété lucrative rend possibles des effets qui débordent arbitrairement l'activité du propriétaire – par convention sociale, entérinée par le droit. De même, la puissance est une activité dont les effets s'épuisent dans le geste (compréhension-décision) de *formation* de l'individu ou du groupe agissant, alors que les rapports de pouvoirs rendent possible le « faire », *comme geste purement décisionnel.*

4. La radicalité (métaphysique)

Le refus de parvenir est une pratique révolutionnaire qui ramène au plus près du réel. C'est ici qu'apparaît la pure positivité de la puissance : comment nouer les liens avec ce qui a lieu ? Comment en finir avec la claustration des rapports de pouvoirs qui sont autant de clôtures sur le réel ?

À ce titre, il n'était pas utile de répéter la litanie des abjections produites depuis la logique des rapports de pouvoirs tout du long des fragments de ce livre. Disons-le une bonne fois pour toute : le patriarcat est une stupidité sans nom ; le capitalisme est une ineptie suprême, d'une brutalité destructrice comme jamais l'humanité n'en aura connu – elle risque même d'y passer comme espèce animale habitant la Terre ; l'hétéronormativité est une machine à broyer les désirs ; la colonialité a hissé à un rang jamais atteint la défiance et le mépris pour les autres cultures, jusqu'aux meurtres de masse ; la gérontocratie vicie le cœur des jeunes humain·es dès leurs premières années, rendant « banal et acceptable » les pires turpitudes, de la violence symbolique à l'inceste, en passant par toute la gamme du moralisme et de la justice punitive ; etc.

Ce bain de boue abject explique la difficulté de vivre le refus de parvenir, qui paraîtra toujours « trop radical » depuis telle ou telle perspective incorporée en nous : la malhonnêteté intellectuelle, qu'elle vienne des autres ou de nous-même, sera la principale source des objections au refus de parvenir. Cela vient notamment de la propension du maître à « prendre pour soi » : cette susceptibilité est le symptôme des rapports de pouvoirs, qui habituent à tout lire en termes individualistes. Par contraste, le refus de parvenir est systémique et social, et non pas interpersonnel et psychologique. Par exemple, il n'est pas assimilable à la désobéissance. Désobéir, c'est simplement contourner une loi donnée – par tel individu l'énonçant ou bien par tel groupe social l'ayant scriptée. Mais on peut très bien désobéir pour parvenir. Désobéir à sa grande sœur pour la faire rager, désobéir à une loi par intérêt personnel, désobéir « civilement » pour faire le buzz, etc. On pourrait même soupçonner le succès du concept de désobéissance, dans les mouvements politiques occidentaux dits progressistes, d'être une énième rouerie de la mauvaise foi : une manière de *se faire croire* qu'on agit, alors que l'on cherche à préserver l'essentiel de ses privilèges.

À l'inverse, dans la perspective de subsistance, compte moins la désobéissance comme « panache » narcissique et publicisé que l'obéissance discrète à la matérialité du réel.

La radicalité prévient donc, en toute simplicité, de la mauvaise foi : elle attaque le problème dès ses racines et permet, ainsi, de scruter les diverses conséquences d'une analyse basée. Cette simplicité redoutable met fort mal à l'aise celles et ceux qui jouissent de certains privilèges : on les surprend à dégainer immédiatement des nuances et à proclamer des différences de degrés, pour tenter de légitimer leurs formes de vie et les exploitations corollaires qu'elles nécessitent.

La radicalité conchie absolument les *différences de degré*, ces asiles de l'ignorance. Écoutons chanter à l'unisson : « dérives du capitalisme », « division du travail excessive »[1], « mobilité sociale insuffisante », « limiter les profits », « réguler par des normes

1. Ce n'est pas si facile : ainsi, on peut trouver chez Marx une tendance à absoudre la division du travail en sous-estimant grandement le problème anthropologique qu'elle pose, alors même qu'il trouverait inepte le même raisonnement concernant le capitalisme : « le capitalisme n'est pas le problème, mais admettons qu'il faille en limiter les excès ».

techniques » : ces manières de concéder des nuances pour ne rien céder de leurs ordres de pouvoirs.

La puissance de penser est *subtile*, par fidélité nécessaire aux singularités qui nous donnent à penser. Cela n'a rien à voir avec les nuances qui relèvent de la marchandisation dans le régime des solutions : cette manière tellement scolastique de modérer d'emblée les effets pratiques de la pensée est à fuir. « La vérité est de la famille de la *subtilité*, c'est-à-dire de l'extrémisme de l'argumentation, mais elle est étrangère à la *nuance*, c'est-à-dire la pleutrerie du concept, qui prend peur devant les conséquences de sa propre démonstration. »[1]

La radicalité de la pratique peut donc se traduire méthodologiquement comme suit : l'émancipation effective passe par la construction de distinctions conceptuelles nettes (dites maladroitement « différences de nature »[2]) et non par les pseudo-nuances scolastiques des différences de degrés.

La radicalité du refus de parvenir suppose ce positionnement logique : seules comptent les différences de nature pour s'orienter dans la pratique, jamais des différences de degrés. En effet, ces dernières enferment dans une catégorie supposée homogène, au sein de laquelle il n'y aura plus de *différences*, à proprement parler, puisque les « degrés » supposent l'unidimensionnel, le commensurable : outils conceptuels hostiles et incompatibles avec la différence.

Véritable prison mentale, l'usage de la « différence de degré » permet d'enfermer les pensées dans des histoires de strates et de stades : développement, progrès, transition, etc.

La critique est alors rendue impossible, car la nocivité ou la destruction deviennent de simples « excès ». Or, les logiques de pouvoirs n'ont de cesse de discuter les « excès », faisant passer

1. N. Ajari, *Noirceur*, « Conclusion. Communisme noir », Quimperlé, Éditions Divergences, 2022.

2. C'est maladroit car, sémantiquement, le mot nature renvoie aux pratiques d'essentialisation – qui servent à imposer un ordre en le faisant passer pour inéluctable et dépolitisé.

la liberté de penser pour une question comptable de *mesure*. Le symptôme le plus évident en est le moralisme : faute de problématiser une distinction à la racine, on concède du bout des lèvres qu'il y a des excès et l'on supplie les maîtres de ne pas abuser.

« Demander aux maîtres de (se) maîtriser » : a-t-on jamais connu tactique plus foireuse ?

La pratique devient morte ou inepte, puisqu'il ne nous reste plus qu'à trancher *arbitrairement*. Par exemple, dire que l'autorité éducative est bonne, mais que trop d'autorité c'est mal, c'est contraindre à énoncer une limite factice, un seuil arbitraire : on ne sait pas trop d'où ça sort, mais au-delà de *x*, il paraît que « ce n'est plus tolérable ». Les maîtres aiment ces barrières surgies d'on ne sait où, vis-à-vis desquelles ils emploient un esprit de sérieux à la mesure de la vacuité de leurs affirmations. Tout est faux, tout est emprunté dans l'attention accordée à celles et ceux meurtri.es par « les regrettables excès ». De tels repentirs ont toujours quelque chose d'odieux, car on sait bien que le problème n'est *absolument pas réglé pratiquement*.

Par contraste, les distinctions conceptuelles ne sont jamais anodines ou inoffensives : elles transforment nos dispositions à agir. Ainsi, les enjeux politiques de la distinction entre pouvoir et puissance ne sont rien moins que l'avènement, matériel et concret, d'autres formes de vie : « Le pouvoir politique, y compris au sens juridique du mot "pouvoir", est la confiscation, par les dirigeants, de la puissance collective de leurs sujets ; confiscation imaginaire, qui produit des effets réels dans la seule mesure où les sujets eux-mêmes croient à sa réalité. Le problème n'est donc pas de découvrir la meilleure forme de gouvernement : il est de découvrir, dans chaque type de société politique donnée, les meilleures formes de libération, c'est-à-dire les structures qui permettront à la multitude de se réapproprier sa propre puissance en la déployant au maximum »[1].

1. A. Matheron, « *L'Anomalie sauvage* d'Antonio Negri », dans *Études sur Spinoza et les philosophies de l'âge classique*, Lyon, ENS éditions, 2011, p. 447-463.

Comprenons bien : le rapport entre pouvoir et puissance n'est pas une antinomie. L'asymétrie n'est pas un dualisme, car les rapports de pouvoirs *contredisent* le déploiement de la puissance : *réduction, corruption et isolement* – par contraste avec la diversité, le soin et la concorde.

L'une des conséquences pratiques fondamentales de cela, c'est la perception, paradoxale, de la symétrie. En effet, le refus de parvenir symétrise la sortie des rapports (sociaux) de pouvoirs, puisque cela concerne aussi bien le refus de faire subir que le refus de subir – qui est, plus profondément, celui de *se faire faire subir*[1]. Cela n'enlève bien sûr rien à l'analyse matérialiste des oppressions, dominations et exploitations. Au contraire même : l'idée est d'en comprendre les causes.

Parce que la pratique du refus de parvenir prend au sérieux la nature symétrique des rapports de pouvoirs, elle nous délivre de la tentation du *renversement* des pouvoirs – comme *inversion* des places occupées.

L'émancipation ne consiste pas à imiter nos maîtres.

1. L'introjection et l'involution sont les causes de la symétrie du *rapportage* par les pouvoirs. Ces points techniques (et cruciaux) sont analysés dans les parties 5 et 9.

TABLE DES MATIÈRES

Achevé d'imprimer en juillet 2025
sur les presses de
La Manufacture - Imprimeur – 52200 Langres
Tél. : (33) 325 845 892

N° imprimeur : 250488 - Dépôt légal : juin 2025
Imprimé en France